U0143202

国家自然科学基金面上项目：41971159；41971164
福建省科学技术厅公益类竞争性项目：2023R1039

中国可再生能源产业时空演化格局及其优化路径

王 强 著

科学出版社

北 京

内 容 简 介

开展我国可再生能源产业空间组织格局及其演化机制、优化路径研究，是有序推进我国清洁能源产业发展、加快能源供给侧结构性改革与转型的有益探索，也对丰富部门经济地理学学科理论建设具有重要的学术价值。本书紧扣我国能源转型目标，突出经济地理学，联合可持续性科学、能源经济学、管理科学等多学科，基于交叉融合视角，以光伏、风电产业为例，探究可再生能源产业空间格局时空演变过程与特征，构建产业链不同产业部门间的联系网络与流动路径，提出区域可再生能源产业协同发展的优化对策，为推动区域能源系统改革、保障国家能源安全提供学术支撑与决策建议。

本书可供从事经济地理与能源地理研究的学者，以及相关领域决策人员参用，供地理学、区域科学、资源科学、环境科学、能源工程科学等相关领域的研究学者、规划工作者、管理决策者及高等院校相关专业师生参考。

审图号：GS京（2024）1235号

图书在版编目（CIP）数据

中国可再生能源产业时空演化格局及其优化路径/王强著. —北京：科学出版社，2024.6
ISBN 978-7-03-077624-2

Ⅰ. ①中… Ⅱ. ①王… Ⅲ. ①再生能源-能源发展-研究-中国
Ⅳ. ①F426.2

中国国家版本馆 CIP 数据核字（2024）第 016693 号

责任编辑：杨逢渤 / 责任校对：樊雅琼
责任印制：徐晓晨 / 封面设计：无极书装

科学出版社 出版
北京东黄城根北街 16 号
邮政编码：100717
http://www.sciencep.com
北京建宏印刷有限公司印刷
科学出版社发行 各地新华书店经销
*
2024 年 6 月第 一 版 开本：720×1000 1/16
2024 年 6 月第一次印刷 印张：7 3/4
字数：200 000
定价：128.00 元
（如有印装质量问题，我社负责调换）

前　言

　　构建绿色、低碳的可再生能源供应体系是促进全球能源转型的基础支撑，是实现联合国 2030 年可持续发展议程目标的重大需求，也是全人类科学应对气候变化的必然选择。对我国而言，在全球气候变化、能源体系全面升级、地缘政治秩序深度调整等新旧风险胁迫和不确定性加剧背景下，推进能源革命，建设能源强国，促进能源转型已成为关系我国经济发展、社会稳定与国际话语权的全局性、战略性焦点问题。在此背景下，开展我国可再生能源产业发展研究具有重要的学术与实践意义。

　　本书综合应用典型企业调查法、空间模拟分析、社会网络分析等方法，试图解析我国可再生能源产业链空间组织特征与格局，评价分析产业空间组织效率，阐释产业空间组织格局形成机制，并通过地理空间尺度转化模拟我国可再生能源可持续发展路径与未来情景。本书旨在将经济地理学研究范式引入可再生能源问题研究，从空间视角揭示可再生能源产业内部不同环节企业之间的互动关系与机制，以期丰富经济地理学研究体系，为我国积极应对气候变化、主动谋划能源体系转型发展提供政策依据。

　　本书出版得到国家自然科学基金面上项目（No.41971159；No.41971164）和福建省科学技术厅公益类竞争性项目（No.2023R1039）的联合资助。特别感谢中国科学院地理科学与资源研究所樊杰研究员对本人的悉心指导，对本书核心内容的指点与斧正。研究生蔡萍、谢聪、党牛参加了本书调研、撰写工作。由于作者水平有限，书中难免存在不足之处，欢迎读者批评指正。

目　　录

|第一章|　研究背景与意义

气候变化是关系全球生态环境、经济发展、社会稳定的全局性、战略性问题，对全人类繁荣发展至关重要，已成为国际社会普遍关注的舆论焦点和科学问题（IPCC，2021；Rogelj et al.，2016；Pye et al.，2017；Wei et al.，2018）。同时，世界正经历百年未有之大变局，全球能源体系全面升级，国际政治秩序深度调整，在新旧风险交织、不确定性加剧的新形势下，气候变化与能源安全面临着巨大挑战，应对气候变化与保障能源安全已成为各国政府部门和专家的核心议题之一。（丁仲礼，2021；于贵瑞等，2022；谭显春等，2022；曲建升等，2022；王建芳等，2022；IPCC，2021；Liu et al.，2023）。

作为负责任的发展中大国，中国面临发展经济、改善民生、污染治理和生态保护等一系列艰巨任务，仍一直致力于走低碳的可持续发展道路，实施一系列应对气候变化和保障能源安全的措施。近年来，中国持续优化能源结构，非化石能源占比加速提升，同时在交通、城镇化建设等领域加大低碳转型的力度，数字技术的发展推动传统制造业的生产效率和能源效率不断提高，截至2019年底，中国已提前完成向国际社会承诺的2020年目标。同时，中国在太阳能、风能等新能源细分领域持续实现突破性发展，推动构建绿色能源技术创新体系，走新时代能源高质量发展之路（Davidson，2019；张希良等，2022）。

第一节　研究背景

一、能源转型与可再生能源发展

"能源转型"一词最早出自德国应用生态学研究所出版的《能源转型：没有石油与铀的增长与繁荣》一书，指能源结构中占据主导地位的能源类型发生转换的过程（李俊江和王宁，2019）。人类历史进程中，已完成两次能源结构转型（Fouquet，2016），见图1-1，即工业化初期煤炭取代传统生物质能，成为能源结构主体（Rubio and Folchi，2012）。1950年之后，石油和天然气的生产与消费持续上升，取代了煤炭的主导地位。但随着国家经济发展和高新技术迭代，核能、风能、水力、地热等其他形式的可再生能源得到开发和利用，并逐渐开启了世界第三次能源转型进程（王强等，2011）。

已有研究表明不同的能源对经济社会发展产生不同的溢出效应（Kalkuhl et al.，2019；Pindyck，2019），例如，消费煤炭所付出的气候变化代价换算成经济价值为13~68美元/（MW·h），是电力（煤电）代价的2倍之多。而当前，世界正处于由传统化石能源向可再生清洁能源的转变时期（Sung and Park，2018；Bhattarai et al.，2022）。遵循《巴黎协定》中各国自主贡献目标，截至2050年，全球可再生能源消费占比需达到33%。对我国而言，推进能源革命的一系列主要政策和重大举措将进一步加快能源结构的转型，并提前完成全球能源转型目标，即图1-1虚线变化趋势。为此，进一步细化能源结构供需侧调整目标，评估其减排效应，并对其转型路径与协同机制进行全面研究具有重要的学术价值与实践意义。

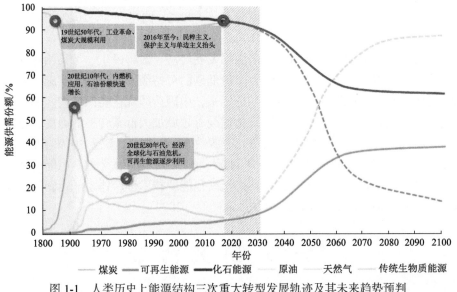

图1-1　人类历史上能源结构三次重大转型发展轨迹及其未来趋势预判

纵览人类文明历史，每一次的能源革命都与经济转型和世界秩序重建息息相关，进入21世纪，以能源低碳利用为表征的可再生能源革命同样在悄然推动着人类文明的变迁。伴随着国际社会对能源安全形势、全球气候变暖和生态环境保护等问题的日益重视，可再生能源以其可再生、分布广的特点成为推进能源革命从而建立国际能源新秩序的契机。

可再生能源是能源供应体系的重要组成部分，具有环境安全与可持续性的特征，主要包括风能、太阳能、生物质能、地热能等非化石能源。伴随国际社会对绿色低碳经济发展、能源供应体系转型、国家能源安全保证、生态环境保护、气候变化应对机制等问题的日益重视，加快开发利用可再生能源已成为世界各国的普遍共识和一致行动，并普遍将其视为战略性新兴产业，积极推动全球新一轮科技革命和产业变革，加速推进国家能源供给侧结构性转型，为此，由可再生能源革命引致的新一轮全球地缘政治博弈和经济秩序重构已掀开序幕（林伯强，2009）。特别是自 2020 年初以来，新冠疫情的持续蔓延给全球能源转型带来挑战，不少国家、地区或组织将可再生能源作为后疫情时代经济绿色复苏的抓手，在恢复经济过程中相继公布了可再生能源产业相关的发展战略和政策措施。据英国能源与气候智库机构统计，截至 2021 年 12 月，全球已有 136 个国家和地区通过立法、出台相关政策或文件报告以及加快讨论等措施承诺碳中和[①]。化石能源的使用造成了世界范围内的能源资源短缺和生态环境恶化，在这种情况下，可再生能源的开发成为一种新选择。2009 年以来，全球可再生能源发电新增装机容量以年均 8%~9%的速度增长，2015 年，其新增装机容量首次超过传统能源（化石能源与核能）发电装机容量；可再生能源发电量也以年均 7%~8%的速度增长，远远高于传统能源发电量增长速度（以年均 1%~2%速度增长）[②]。国际可再生能源署（International Renewable Energy Agency，IRENA）发布的《2022 年可再生能源统计》报告显示，截至 2021 年底，全球可再生能源累计装机容量达到 3064GW，同比增长 9.1%。其中，水电占比最高，累计装机量达到 1230GW，占比 40%；太阳能累计装机容量为 849GW，占比 28%；风能累计装机容量为 825GW，占比 27%，如图 1-2 所示。此外，近年来

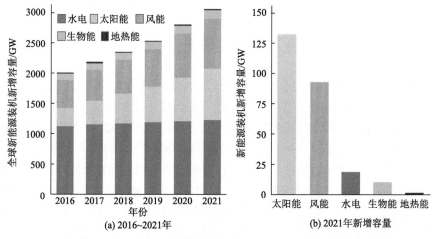

图 1-2 按可再生能源类型分类的新增装机容量变化图

数据来源于 Renewable Capacity Statistics 2022

---

① Energy & Climate Intelligence Unit. Net Zero Emissions Race[EB/OL]. https://eciu.net/netzerotracker[2022-12-11].

② British Petroleum. Statistical Review of World Energy [EB/OL]. https://www.bp.com/en/global/corporate/energy-economics/ statistical-review-of-world-energy.html [2022-12-11].

可再生能源新增装机容量和占比均持续增加，其中太阳能和风能增长最为显著，2021 年新增"风光"装机量占全球新增可再生能源装机总量的 88%，中国是全球可再生能源新增装机量最大的贡献国。就全球来看，自 2001 年以来，可再生能源新增装机容量和占比波动上升，如图 1-3 所示，传统能源结构向可再生能源方向的转型升级是大势所趋。

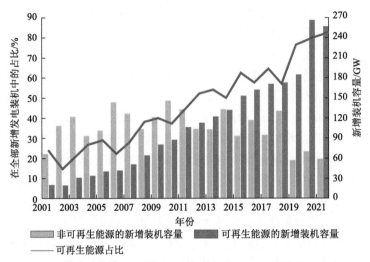

图 1-3　2001～2021 年全球可再生能源新增装机在全部发电新增装机中的占比

数据来源于 Renewable Capacity Statistics 2022

二、中国可再生能源迈入高质量跃升发展新阶段

进入 21 世纪以来，伴随中国经济快速发展以及现代化、城镇化建设步伐的日益加快，传统化石能源的不可持续性问题日益凸显，能源安全形势日趋严峻，应对全球气候变暖以及极端气候变化的国际舆论压力也不断加大，中国能源转型迫在眉睫。能源结构调整成为解决传统能源枯竭和环境污染的唯一途径。为加快推动中国大范围清洁能源增量替代和区域性存量替代，国务院在 2010 年颁布《国务院关于加快培育和发展战略性新兴产业的决定》，明确将可再生能源作为重点培育和发展的七大新兴产业之一。自此，近十年间中国相继出台了多项能源安全发展战略的主要政策和重大举措，如《新时代的中国能源发展》白皮书指出把非化石能源放在能源发展的优先地位，大力推进低碳能源替代高碳能源、可再生能源替代化石能源；《中华人民共和国国民经济和社会发展第十四个五年规划和 2035年远景目标纲要》中强调中国可再生能源产业将围绕风电、光伏发电、核电、电网建设等实施多项建设工程，将可再生能源产业发展放在中国发展建设的重要地

位；同时中国可再生能源产业也进入超常规增长期，累计装机容量（或产能）年均增长 12.7%[①]。截至 2020 年，非化石能源消费占比增长到 15.9%（张侃，2021；王怡和支彤，2021）。我国提出，到 2030 年非化石能源消费占比要达到 25% 左右，意味着接下来能源增量 70% 以上为非化石能源。

随着国际竞争的日益加剧，创新对于提高国际竞争力越来越重要。谁拥有世界创新领先水平，谁就拥有战略主动权（唐永伟等，2021）。创新是推动经济增长的密钥，是引领国家发展的引擎。党的十八大以来，党中央一直把创新置于国家发展全局的核心地位，并提出"创新是引领发展的第一动力"。同时《中华人民共和国国民经济和社会发展第十四个五年规划和 2035 年远景目标纲要》强调"坚持创新在我国现代化建设全局中的核心地位，把科技自立自强作为国家发展的战略支撑"。创新驱动发展已经上升为中国经济社会发展的重要战略，是构建新发展格局的重要支撑。随着新一轮科技革命和产业革命的深入发展，一场新的能源技术革命正在酝酿之中，世界众多国家纷纷加入到这场革命中，不断加强突破能源技术创新发展，可再生能源技术成果不断涌现，走向使用优质、高效、环保能源的道路。面对常态下中国发展面临的经济压力和增值转型带来的挑战，必须加快可再生能源产业的技术创新，加强可再生能源产业技术创新能力建设，推进创新驱动发展道路。

我国国民经济发展"九五"计划至"十四五"规划期间，可再生能源产业利好政策密集出台（图 1-4）。作为战略性新兴产业，国家对可再生能源产业的支持政策经历了从"开发具有自主知识产权的技术"到"大力发展"再到"加快壮大"的转变。2020 年 12 月发布的《新时代的中国能源发展》白皮书从全面推进能源消费方式变革、建设多元清洁的能源供应体系以及全面深化能源体制改革等多方面阐述了中国推进能源革命的相关举措与政策，以高质量发展为主题，推动以煤炭为主的高碳能源结构向清洁能源为主的低碳能源结构转变。2022 年 1 月，国家发展改革委、国家能源局联合发布的《"十四五"现代能源体系规划》中提到当前我国能源低碳转型进入重要窗口期，现代能源产业进入创新升级期。2022 年 5 月发布的《关于促进新时代新能源高质量发展的实施方案》中，明确当前我国以风电、光伏发电为代表的新能源发展成效显著，力争加快构建清洁低碳、安全高效的能源体系。

[①]《新时代的中国能源发展》白皮书发布——我国提前实现碳排放强度下降目标[EB/OL]. https://www.gov.cn/zhengce/2020-12/21/content_5571916.htm[2022-12-11].

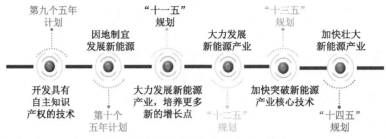

图 1-4 我国可再生能源政策的演变

"十四五"规划期间，国家对可再生能源产业的发展做出了全方面指引，我国可再生能源产业发展规模呈现历史性突破，从多维度为全球能源转型、应对气候变化做出了重要贡献。从电力装机规模看，2021 年新增非化石能源总装机规模首次超过煤电达 11.2 亿 kW·h，同比增长 13.4%，占总发电装机容量比重为 47%。其中，水电 3.9 亿 kW，风电 3.3 亿 kW，光伏发电 3.1 亿 kW，核电 5326 万 kW，生物质发电 3798 万 kW，如图 1-5 所示。从新增装机增速看，2021 年我国部分可再生能源新增装机 1.34 亿 kW，其中，光伏发电 5488 万 kW，风电 4757 万 kW，水电 2349 万 kW，生物质发电 808 万 kW，分别占全国新增装机的 31.1%、27%、13.3%、4.6%（丁仲礼，2021），如图 1-6 所示。从可再生能源设备生产来看，我国在可再生能源产业领域大力实施创新发展驱动战略，可再生能源产业已形成了较完整的产业链。其中，光伏、风电产业链分别占据全球主导和领先地位，市场化进程不断加快，在"集散并举、海陆齐进"的原则下，相关企业呈现蓬勃发展态势。

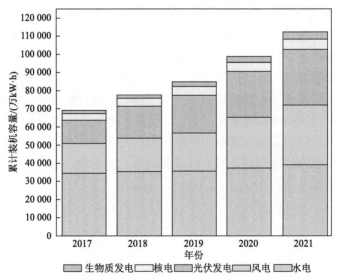

图 1-5 2017～2021 年中国部分可再生能源累计装机容量

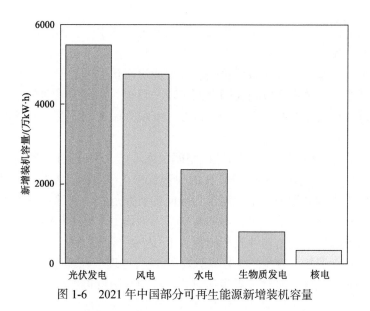

图 1-6　2021 年中国部分可再生能源新增装机容量

第二节　研究意义

作为全球最大的能源消费与碳排放国，我国在"建设生态文明、打造美丽中国"战略驱动下，持续深化能源供给侧结构性改革，大力发展可再生能源产业，已发展成为全球可再生能源发电装机容量与投资最大的国家，分别超过全球总量的 1/4 和 1/3[①]，迈入了大范围增量替代和区域性存量替代的发展阶段[②]。但同时，受政策体制约束、市场发展滞后、输配电网调峰能力有限、科技创新能力较低等多方面影响，当前我国可再生能源产业发展"重建设、轻利用"问题较为突出，产业空间布局与组织链条相对无序（刘同良，2012），供给与消费不平衡问题依然存在，致使可再生能源可持续发展的潜力未能充分挖掘。

此外，中国实现"双碳"目标，是以习近平同志为核心的党中央统筹国内国际两个大局做出的重大战略决策，也是一项涵盖能源结构转型、国土空间优化布局、经济增长方式转变、区域协同发展等长期持续实施的巨大系统工程（于贵瑞等，2022；谭显春等，2022；曲建升等，2022；王建芳等，2022），亟须明确兼

---

① IRENA International Renewable Energy Agency. http://www.irena.org/-/media/Files/IRENA/Agency/Publication/2017/Jul/IRENA_Renewable_Energy_Statistics_2017.pdf?la=en&hash=E93A8DF9B1BE56B6E7838E4552A7EC9C0C95867F [2021-12-31].

② 可再生能源发展"十三五"规划[EB/OL]. http://www.nea.gov.cn/135916140_14821175123931n.pdf[2021-12-31].

具韧性和适应性的行动方略（于贵瑞等，2022）。其中，我国区域资源禀赋显著不同、社会发展水平明显有别、生产要素投入与利用效率相差各异（谭显春等，2022），如何有序推动各区域可再生能源产业协同转型，处理好发展和减排、整体和局部两个基本关系就成为我国全面实现"双碳"目标的关键路径，也是地理学面向全球气候变化与我国"双碳"目标，亟须开展的基础性、前瞻性和引领性的重大科学问题。

能源及其作用研究应建立在社会-空间关系上，人文-经济地理学在能源研究领域具有广阔的研究未来和不可替代的研究优势（Calvert，2015）。中国人文-经济地理学是以国家发展的重大需求为导向的研究范式，通过解决现实问题凸显社会贡献、提升学科价值，增强服务现实需求的能力（樊杰和刘汉初，2016）。在我国加快能源供给侧结构性改革的背景下，人文-经济地理学开展可再生能源产业发展研究责无旁贷。为此，本书基于人文-经济地理学综合性、科学性特征，应用学科特有研究范式、时空关系表达方式，面向我国可再生能源产业可持续发展需求，揭示产业空间组织路径、演化规律，优化产业发展资源配置、空间布局。对丰富部门经济地理学学科理论具有一定的理论创新意义，也对有序推进我国加快能源供给侧结构性改革和能源转型具有一定的实践参考价值。

一、推动能源地理学融合发展

立足人文-经济地理学，探讨能源可持续发展问题，是"未来地球计划——能源供给与未来发展"重点研究领域的前沿选题，可为学科交叉发展提供新的切入点。

能源是人类社会赖以生存和发展的重要物质基础，其供给体系转型对全球经济可持续发展具有重要的支撑与推动作用，为此，"能源供给与未来发展"成为我国"未来地球计划"重点研究领域之一。加快可再生能源发展，是未来世界能源供应和消费系统成功实现转型与更新的必然选择[①]，也是推进世界经济和人类社会进步与发展的基础保障，开展可再生能源可持续发展研究成为"未来地球计划——能源供给与未来发展"重点领域的前沿选题。特别是在激励框架下，开展可再生能源产业链条建构、空间演化特征的研究对这一产业可持续发展具有重大意义。企业空间分离与转移是优化重塑可再生能源产业空间格局的重要力量，也是决定产业空间组织效益的核心因素，但已有研究还没有较深入开展这一方面的系统研究（Chiaroni et al.，2015b）。人文-经济地理学是以人类经济活动的地域系统为中心内容的一门交叉学科，包括经济活动的区位、空间组合类型和发展

---

① 见《bp 世界能源统计年鉴》。

过程等内容。其中，产业部门地理研究一直是经济地理学的重要领域之一，它从地理学的区域和综合视角出发，研究产业部门地域分布的影响因素、形成与发展的规律（李文彦，1986）。为此，可再生能源产业作为重要的新兴部门，人文-经济地理学者应给予重视，尤其是对中国这样的能源消费与碳排放大国。

二、探究低碳能源转型实现路径

基于空间与综合视角，分析可再生能源产业空间组织特征，评价产业空间关联效率，对优化我国可再生能源产业空间布局、促进能源供给侧结构性转型以及实现绿色低碳能源转型具有一定的理论与实践价值。坚持服务国家战略决策，适应全球地缘政治关系，提升中国人文地理学的全球影响力和国际话语权，支撑国家空间治理体系现代化建设，是未来15年学科发展的核心目标之一（樊杰和赵艳楠，2021）。面对国际政治秩序的深度调整和我国推进"能源革命"、建设能源强国的方向，人文地理学应厚植学科优势，凝练科学命题，在解决问题中实现创新和发展。其中，厘清碳排放与能源结构、产业结构、科技发展和经济社会等多要素互动的复杂网络关系（丁仲礼，2021；于贵瑞等，2022；张希良等，2022；林伯强和杨梦琦，2022）是开展可再生能源基础研究，能源高质量发展迈出新步伐的核心命题，而这一问题可应用人地关系地域系统理论进行探究。人地关系地域系统理论是人文地理学的核心理论，旨在从空间结构、时间过程、组织序变、整体效应、协同互补等多方面揭示社会经济系统（人）与资（能）源环境系统（地）之间存在复杂的时空交互关系和反馈作用（吴传钧，1991；陆大道和郭来喜，1998；樊杰，2007；樊杰，2021）。为此，聚焦区域能源结构转型时空耦合过程与机制，系统认知和精细评估中国区域可再生能源产业发展效率，不仅能为国家能源高质量发展目标实现提供路径优化建议，也可丰富人地系统耦合理论和方法体系。

三、协调全局与区域发展关系

面向可持续发展地理格局，开展区域能源系统协同研究，是加快构建现代能源体系的前瞻探索，为统筹协调我国能源高质量发展目标与地区发展之间的关系提供科学依据。推进能源革命是一项复杂系统工程，需要产业间、区域间、部门间等多系统耦合。其中，如何处理好减排和地方发展的关系是亟须解决的科学问题（张希良等，2022；林伯强等，2022；夏四友和杨宇，2022），迫切需要开展区域协同转型与减排系统性研究。当前，我国经济较发达的东部地区（北京、上海、天津、江苏、福建、广东、浙江七个省级行政区）经济发展水平较高，人均

GDP 超过 10 万元，基本完成了碳排放与经济增长的脱钩，碳排放总量约占全国碳排放总量的 1/4；中部与西南地区产业结构较为低碳，且清洁能源丰富，能源转型面临的压力较小，但经济发展水平较低，人均 GDP 不足 5 万元，碳排总量约占全国的 1/4；西北、东北以及华北地区重工业占比较高，能源结构以煤炭为主，碳排放总量占比超过全国的 1/2，面临能源转型和经济发展双重挑战（张诗卉等，2021；张永年和潘竟虎，2019；王少剑等，2018；任志远和李强，2008；王强等，2014）。可见，由于发展阶段和资源禀赋条件不同，不同区域面临"减碳"压力和能源转型路径也显著不同。在此背景下，研究多要素、多界面、多尺度过程和格局的成因机理与模拟技术，揭示不同区域能源-经济-环境耦合机理，协调区域能源转型路径及其调控模式，确保区域之间发展机会公平，防止出现更严重的地区分化，也是加快构建现代能源体系，推动能源高质量发展过程中不容忽视的关键问题。

四、指导可再生能源产业有序发展

围绕可再生能源产业发展问题，国内外学者已开展了大量研究，主要倾向于介绍不同国家或地区可再生能源产业发展现状及开发潜力（Solé et al.，2018；Poudineh et al.，2018；Hil Baky et al.，2017；Barrington-Leigh and Ouliaris，2017）；政策机制对可再生能源发展的作用研究（Scarlat et al.，2015；Nikolaev and Konidari，2017；李彦普和周建强，2017；张晓娣和刘学悦，2015）；基于电网优化建设的可再生能源消纳研究（许汉平等，2017）；此外，也有部分学者基于空间差异视角对可再生能源空间分布的特征进行了刻画与描述（Dong et al.，2016；Pearre and Swan，2018）。整体来看，伴随各学科的持续发展与科技的日益进步，可再生能源开发方式日益多样、开发体量预测日趋精确、消纳路径逐步清晰、政策体制机制日臻完善。但不可否认的是，已有研究对我国可再生能源开发过程中所出现的资源浪费或利用率低下（如弃风弃光问题）、空间冲突或组织效率低（如可再生能源产业空间布局无序、供需不平衡不充分问题）等方面的研究还没有给予足够的重视和充分的理论实践支撑。从人文-经济地理学视角来看，有效的空间组织是实现产业要素配置高效、地区/部门利益关系协调的重要手段与根本路径（李文彦，1990；陆大道，2001；金凤君，2007）。为此，可再生能源产业空间布局无序和组织效率低的问题可通过人文-经济地理学来开展探索性研究，尤其是在产业发展过程中的要素配置和利益系统时空调控方面，本学科具有一定的研究优势。

本书拟通过时空结合、定量和定性研究互补的方式，并以"时空演化过程-

网络联系格局"为分析脉络，以光伏、风电产业为例，厘清可再生能源产业链各环节时空格局演化特点，构建产业链不同产业部门间的联系网络，建立"产业-本地"联系，为促进产业链各环节互动和区域流动提供借鉴意义。同时，本书也可为中国其他类型可再生能源开发利用分析提供示范。在中国大力开发可再生能源的背景下，对目前商业化程度较高、发展程度较好的光伏、风电产业进行研究，可以对其余发展程度较低、规模较小的可再生能源（如现代生物质能）发展提供案例示范。

第二章 可再生能源产业内涵及其研究进展

第一节 可再生能源及其产业链

一、可再生能源的概念及其构成

可再生能源是相对于传统化石能源而言的新概念。由于国际组织或各国政府在推动能源绿色低碳转型的相关政策或公约中所侧重的方向不同，因此在"可再生能源"一词的概念界定上存在细微差别。在国际上，1981年联合国在"新能源和可再生能源会议"中把新能源与可再生能源定义为：以新技术和新材料为基础，用来代替传统储备有限、高污染性的化石能源，取之不尽用之不竭的，除常规能源以外的所有能源。20世纪90年代，联合国开发计划署（The United Nations Development Programme，UNDP）将新能源与可再生能源明确划分为大中型水电、传统生物质能、新可再生能源（小水电、太阳能、风能、现代生物质能、地热能、海洋能）三类（韩品尚，2014）。1997年，日本在《促进新能源利用特别措施法》中将可再生能源定义为：从供给方面来讲，可再生能源包括太阳能、风能、废弃物、生物质能等低碳排放、永续开发利用的能源用以发电与热利用，从需求方面而言，可再生能源包括清洁能源车、天然气热电联产、燃料电池等，同时将地热、雪冰热、小水电、波浪能、潮汐能等也列为可再生能源（井志忠，2007）。

长期以来，我国未对可再生能源的概念做出明确的界定，在相关政策文件中将其与非化石能源、新能源视作整体看待。2009年，《中华人民共和国可再生能源法》中指明可再生能源是指风能、太阳能、水能、生物质能、地热能、海洋能等非化石能源。2020年出台的《新时代的中国能源发展》白皮书将太阳能、风电、水电、核电、生物质能、地热能和海洋能列为非化石能源，放在可再生能源发展的优先位置[①]。

综合来看，国内外对于可再生能源的概念分歧主要集中在大型水电与核电是否属于可再生能源范畴的问题上。此外，可再生能源产业的快速发展为我国的电

[①] 《新时代的中国能源发展》白皮书发布——我国提前实现碳排放强度下降目标[EB/OL]. http://www.gov.cn/zhengce/2020-12/21/content_5571916.htm[2022-12-11].

力发展与经济转型注入了新的活力，但各类可再生能源的发展进程却显著不同。近年来，光伏发电、风力发电在国家政策引导下均得到大力发展，虽然当前累计装机容量仍低于水电，但装机增速远超包括水电在内的其他类型可再生能源，呈现出了与其他可再生能源不同的发展历程和巨大的开发前景。2015 年以来，中国光伏、风电产业项目建设加速推进，可再生能源投资额由 2015 年的 957 亿美元增长到 2022 年的 2440 亿美元，年均增长 14.3%，产业规模急剧增长，在全球中的份额也逐步由 28.4%增长至 40.1%（图 2-1）。此外，伴随可再生能源投资的不断加大，中国可再生能源装机容量也不断增加，由 2015 年的 4.8 亿 kW 增长到 2021 年的 10.2 亿 kW，年均增长 13.4%，其在全球的占比也随之由 26.5%增长到 33.8%（图 2-2）。

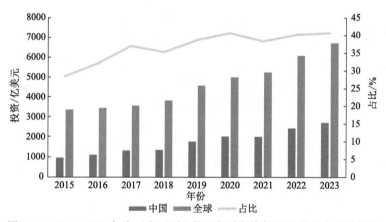

图 2-1　2015～2023 年中国在可再生能源领域投资情况及其在全球的份额

2023 年为估计值，数据来源于 World Energy Investment 2023

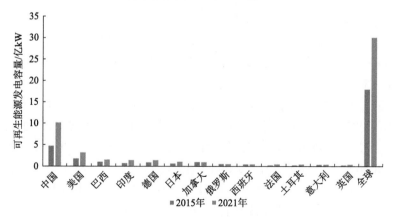

图 2-2　2015 年和 2021 年全球主要国家可再生能源发电容量

数据来源于美国能源署网站（EIA）

此外，近年来，我国相继发布了《"十四五"能源领域科技创新规划》《关于促进新时代新能源高质量发展的实施方案》等文件，为进一步促进我国可再生能源产业积极参与全球分工、形成规模优势和供应链优势提供强有力支持。

二、可再生能源产业链

（一）产业链

"产业链"最早是产业经济学中的一个概念。古典经济学家亚当·斯密（Adam Smith）在《国富论》中提出了关于社会分工的论断，该论断被认为是产业链理论的源头。不过，此时的产业链更多倾向于产品链的概念，局限于企业内部资源的利用范畴。20世纪中期，赫希曼（1991）基于产业的前向、后向联系，进一步解释了产业链的概念，并突出了产业联系的地理空间的科学含义，从此开启了产业链理论的系统研究。在英文学术期刊中，正式使用"产业链"（industry chain）概念的文章很少，国外学者侧重于将企业之间的价值链作为新技术经济条件下新兴的生产组织方式来分析产业链现象。20世纪80~90年代，迈克尔·波特在《竞争优势》一书中提出"价值链"（value chain）的概念，认为在垂直一体化的集团公司中，企业的研发、生产、销售、发送和辅助其产品的过程都可以用价值链表示出来（波特，2005）。随着全球化分工体系的形成，迈克尔·波特进一步丰富价值链理论，并提出了价值系统（value system）概念，他认为价值系统的各个环节可以进行有效分解，企业的竞争优势可以从产业上下游价值系统中去寻找（Porter，1998）。经济全球化背景下，伴随跨国公司的不断扩张，价值链的切割成为现代国际贸易的新主题。其中，Krugman等（1995）对于企业内部各个价值链环节的地理空间配置问题进行分析，开启了价值链理论中价值链治理模式与产业空间转移之间关系的重要研究领域。在价值链的基础上，学者 Gereffi（1996）提出了全球商品链（global commodity chains，GCC）的概念，提出生产者驱动和购买者驱动二元模式。此后，全球生产链研究主要集中在这两种模式上，但二元驱动模式对全球广泛的外包活动和战略联盟等无法做出很好的解释。为此，Gereffi 等学者更进一步将产业空间组织与价值链理论相关联，在全球商品链理论的基础上提出了以全球价值链治理模式为核心的全球价值链理论。该理论认为：世界各地不同规模的企业与机构围绕产品的生产全过程形成跨国生产组织体系，价值链上不同环节在不同的城市空间形成集聚现象，继而发展成为全球城市的价值链体系与网络。同时，不对等的供应关系决定了价值链网络是明显的矢量网络，存在着领导性企业与被领导性企业。

此外，部分学者认为"产业链"是具有中国特色的一个学术概念，这一概念始于农业产业链，后又扩散到电信、电子、能源等行业。其中，吴金明和邵昶（2006）、吴金明等（2007）对产业链理论的内涵以及运行机制做了较深入的研究，将企业、产业和区域等微观、中观和宏观层面要素纳入同一分析框架，提出了产业链形成机制的"4+3+3"模型。其主要观点认为，产业链由价值链、企业链、供需链和空间链四个维度构成，产业链各环节之间要进行分工合作，形成各具特色与不同功能定位的"龙头企业""核心企业""关联企业"，产业链上下游要做到配套互补，大中小企业要融通发展。产业链的培育主要表现在产业的配套类型与配套半径上，形成"需求拉动""创新驱动""传导"三类机制。

（二）可再生能源产业链及其构成

基于产业链理论，可再生能源产业各部门之间基于技术、经济贸易等方面的关联，依据科学研究-设备生产-电力供销的逻辑关系，可发现大中小企业在空间上形成链条式关联形态。联合国开发计划署提出了可再生产业链，将可再生能源产业链条分为四个部门：供给（技术供给）、生产（设备制造）、分配（产品分配）和需求（需求市场）（图 2-3）。在此基础上，Wee 等（2012）从产业链的角度提出了生物质、水电、地热能、风电以及光伏等可再生能源产业发展的关键资源要素，并指出区位、转换效率、技术限制、分配效率是影响可再生能源产业可持续发展的重要因素（图 2-4）；此外，他还提出科学技术与设备制造业布局应靠近可再生资源所在地，用以获取最大的经济利益。再如，Chiaroni 等（2015a）通过对意大利 1200 个可再生能源企业的调研，第一次详细解析了风电产业、光伏产业以及生物质能源产业的链条结构以及组织结构演变过程，研究结果显示（图 2-5～图 2-10）：意大利可再生能源产业的核心科技和元器件主要来源于国外和跨国公司的本地分支，即产业链条上游环节主要受国外或跨国公司影响，而本国公司主要在布局、规划与安装环节等中、下游环节占有重要地位；整体来看，伴随科技进步和产业规模的日益壮大，意大利可再生能源产业经济效益的增长速度呈现降低趋势。

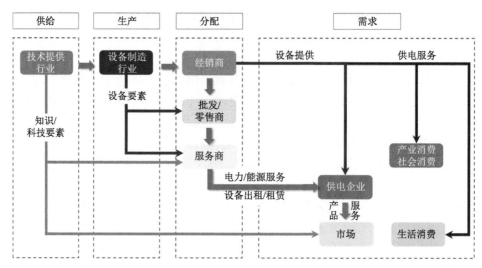

图 2-3   可再生能源产业链条

资料来源：Chiaroni et al., 2015a, 作者改绘

图 2-4   影响可再生能源产业发展的关键因素

资料来源：Wee et al., 2012, 作者改绘

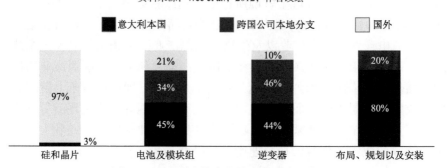

图 2-5   意大利光伏产业链中各地公司占比

资料来源：Chiaroni et al., 2015a, 作者改绘

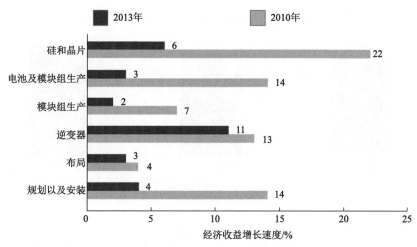

图 2-6　意大利光伏产业链中各环节经济收益增长速度（以前一年为基准）

资料来源：Chiaroni et al., 2015a，作者改绘

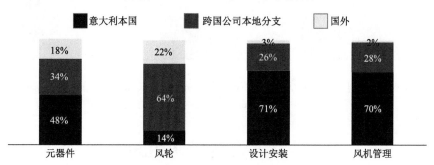

图 2-7　意大利风电产业链中各地公司占比

资料来源：Chiaroni et al., 2015a，作者改绘

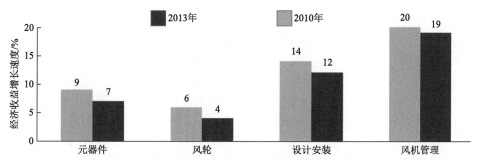

图 2-8　意大利风电产业链中各环节经济收益增长速度（以前一年为基准）

资料来源：Chiaroni et al., 2015a，作者改绘

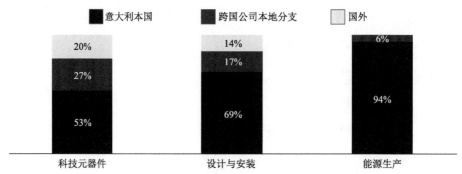

图2-9　意大利生物质能源产业链中各地公司占比
资料来源：Chiaroni et al.，2015a，作者改绘

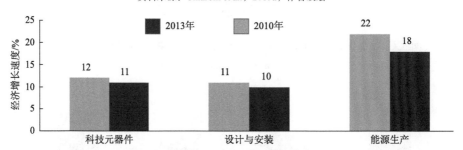

图2-10　意大利生物质能源产业链中各环节经济收益增长速度（以前一年为基准）
资料来源：Chiaroni et al.，2015a，作者改绘

第二节　国内外研究进展

气候变化已成为关系全球生态环境、经济发展、社会稳定的全局性、战略性问题，对全人类繁荣发展至关重要，已成为国际社会普遍关注的舆论焦点和科学问题。同时，世界正经历百年未有之大变局，全球能源体系全面升级、国际政治秩序深度调整，在新旧风险交织、不确定性加剧的新形势下，全球气候变化与能源安全面临着巨大挑战。在此背景下，可再生能源作为全球应对能源安全挑战与气候变化的关键路径，受到全球各国政府与学者的广泛关注。现从以下四个方面对已有文献研究现状进行梳理总结。

一、可再生能源产业链的基本结构及其优化研究

在科技支撑和引领下，可再生能源产业市场竞争力不断提高，已逐渐形成生产完整、配套服务完善的产业链，部分学者对可再生能源产业链的构建及优化展

开了研究。国外的研究中，可再生能源产业链条的构建集中于供应链和价值链视角（Sahar et al.，2022；Saavedra et al.，2018）。联合国开发计划署提出了可再生能源产业链，将产业链条分为四个部门：技术供给、设备制造、产品分配和需求市场（Wee et al.，2012）。Zhao 等（2014）认为风电开发涉及广泛的行业，包括咨询、研发、制造、施工、运营及电力传输，从产品的角度看，这些研发企业、咨询服务企业、原材料供应商、设备制造商、分销企业、输电企业等基于供需关系、技术转移和价值创造构成了风电产业链模型。以上两种可再生能源产业链构建方法也是本书研究重点参考的内容。

国内学者自 2006 年左右开始就光伏、风电两类产业链展开研究，主要包括以下两种产业链构建方式：一是以原材料的应用开发和设备制造形成的产业链条。如光伏产业中，光伏产业链包括多晶硅原料生产提纯、硅棒硅片切割、太阳能电池制造、组件封装、光伏发电系统五大环节（王晓宁，2008；Yu，2018）。此外，学者邸元和刘晓鸥（2011）构建了设备制造企业为上游企业、风电场为下游的垂直风电产业链结构，发现设备制造产业的市场集中度提高会导致风电场利润损失的增加。二是产业链图谱，如丁刚和黄杰（2012）基于产业共生理论将光伏产业链定义为供应链、价值链和战略联盟的组合，其中，光伏企业间的供给和需求关系是最基本的属性。王正明（2010）在《中国风电产业的演化与发展》中，将风电产业链定义为以风电产品为主线，围绕风力发电及其技术条件保障而形成的产业链。学者 Hipp 和 Binz（2020）认为可再生能源产业价值链的分解还需要考虑到系统平衡和电网整合，可再生能源企业在价值链中的定位不同，其生存周期也有差别。Garlet 等（2020）提出第一种构建方式忽略了可再生能源产业链的广泛性，认为可再生能源产业链除了由上、中、下游的公司组成的主链外，还有一个辅助价值链，负责运输、物流、售后等服务，即代理商。

近年来，伴随中国光伏、风电产业链在国际上竞争力的不断提升，学者们通过技术转移、价值转移、产业链各环节关系解析等方面探索中国可再生能源企业融入世界竞争市场的策略。如 Zhang 和 Gallagher（2016）研究发现中国企业主要通过技术收购进入光伏组件制造业，然后逐步在行业细分领域占据重要地位，继而融入更广泛的光伏价值链，在这其中，中国制造业的灵活性、政府政策激励及人才发挥了重要作用。童昕等（2017）则通过无锡市的实地调研，基于全球网络视角，发现光伏产业链从"两头在外"到实现全产业链竞争优势的转变过程中，当地研发实力强的跨国公司发挥着核心主导作用。同时，在外部市场需求不旺盛时，本地内需启动将产业链的技术从生产环节逐渐延伸到运营、维护、服务环节，从而使光伏产业链真正扎根地区。

此外，部分学者关注可再生能源产业链优化的具体方法。如 Cucchiella 和

D'Adamo（2013）认为可再生能源产业高质量发展受到能源供给链的挑战，他们通过对已发表在国际知名期刊的文献分析与实践调查发现，可持续供应链管理（sustainable supply chain management，SSCM）可以解决环境经济与社会发展的"二元性"问题。其中，可持续的生产环节在可再生能源产业发展和商业化过程中尤为重要，这也对传统的工业产业链管理提出了新挑战。为此，他们提出了一个可再生能源供应链，主要包括：物质、信息和资金流三类要素，并提出生命周期评价方法（life cycle assessment，LCA）。但他们并未就产业链各个环节的组织分工、结构特征以及空间布局展开详细研究。Elia 和 Floudas（2014）指出能源系统的经济、环境和社会表现主要与其地理区位和周边原料、产品市场环境相关。能源转化设施的区位选择必须考虑到上下游产业组织。为此，他们对已有研究文献进行了评述，指出了不同研究中存在的诸多不确定性，并以此为基础提出了未来研究的重点内容，具体包括混合能源产业链、下游产业链运行路径、全国供应链的建设完善。这一研究反复强调了地理区位在产业链构建中的组织与链接作用。此外，国内学者还就风电产业链节点企业利益分配（檀勤良等，2015）、商业模式创新（胡绪华等，2015）、激励政策及其合规性（吴昱和边永民，2013）等方面进行深入研究。

二、可再生能源产业政策激励和制度创新研究

从世界各国可再生能源产业发展历程来看，政策激励和制度创新是重要的动力来源和保障措施。政策工具的选择直接关系到政策执行的效果，国际上对于政策工具的分类观点较多。其中，Dickson（1982）将政策工具分为供给型、需求型和环境型，在可再生能源产业研究中被其他学者广泛采纳（Wang and Zou，2018；Zhang et al.，2018）。整体来看，国内外关于可再生能源产业发展的政策激励和制度创新研究主要聚焦于以下三个方面。

（1）各国可再生能源产业政策之间的分析与比较。Saidur 等（2010）回顾和比较了世界上主要国家的风电产业政策，认为可再生能源配合制（renewable portfolio standard，RPS）、定价法（pricing law）和税收减免（feed-in-tariff，FIT）等是较为有效的政策支持制度。Samant 等（2020）以中国、巴西、印度和土耳其四个新兴经济体为案例，研究可再生能源产业扶持政策的类别差异如何推动不同方向的技术开发。研究发现，需求拉动政策对成熟的技术创新具有较强的刺激作用，而供给推动性政策对新技术的创新具有较明显的推进作用。我国可再生能源产业相对于西方国家而言，起步较晚，但依靠制造业优势和政策扶持优势迅速打开国外市场，核心设备产品市场占有率不断提高，应用市场规模也随之不断扩大。此外，Zhi 等（2014）研究发现，我国光伏产业政策体系侧重于政府监管，并正

由生产供给优先向需求侧主导转变。

（2）学者们针对特定产业政策及政策有效性展开实证研究。Geng 等（2016）通过对中国 20 个省（自治区、直辖市）可再生能源产业发展和土地价格政策的相关分析发现，土地价格政策对可再生能源产业具有正向的推动作用。Zhao 等（2015）评估了相关政策对分布式光伏产业发展的作用，结果证明政策工具对中国可再生能源发展具有重要的推动作用。此外，部分学者认为政策类型不同所带来的效应也自然不同。一方面，技术开发政策带来的技术创新推动了可再生能源产业的发展，但另一方面，市场管理政策会对产业发展产生一定抑制作用（Hu et al.，2022）。地方政府通过增加可再生能源产业的数量和加大技术研发投资可以增强知识创新与技术创新之间的关联，因此过度依赖补贴政策的省份更应当重视当地可再生能源产业发展政策的实施（Zhao et al.，2021）。Gao 和 Rai（2019）认为产业技术创新是增强地方产业竞争力的关键因素，而地方市场需求是诱导创新的驱动力。为此，市场需求政策在可再生能源产业创新过程中具有明显的推动作用。在可再生能源产业的发展历程中，企业作为可再生能源产业技术创新的主要载体，国家补贴政策直接促进了企业创新的效率（Lin and Luan，2020）。

（3）绿色低碳、能源转型背景下可再生能源产业发展政策的研制。中国可再生能源产业的发展阶段特征明显，产业发展初期缺乏核心竞争力、国内市场需求小以及后续补贴资金缺口大的问题反映了政策的不完善。新背景下，中国可再生能源产业健康长效发展的实现需要吸取过去的教训，并制定适合当下和未来可再生能源产业发展策略。Shen 和 Luo（2015）通过研究发现，大部分可再生能源企业在没有政策导向的情况下，往往盲目向产业链下游集聚，从而导致反复建设、恶性竞争与产能过剩。因此，政府应更多关注技术和生产能力，而非盲目鼓励企业参与竞争。余东华和吕逸楠（2015）从光伏产业链视角，认为政府的不当干预加剧了光伏产业产能过剩现象。Luo 等（2021）研究发现，影响我国光伏产业发展的主要因素逐渐由政策转为技术和市场需求，太阳能与储能技术进步将会进一步推动光伏装机容量的提高。张鸿宇等（2021）学者假设加速能源转型情景，评估了可再生能源开发成本及其经济、社会、生态多重效益。

三、可再生能源产业空间分布格局研究

当前，国内外学者从空间和区域视角研究能源问题的成果日益增多，但受基础数据的可获得性限制，可再生能源产业空间分布相关方面的研究成果相对较少（Dong et al.，2016）。已有研究从可再生能源产业上、中、下游的经济活动的不同视角入手，主要开展了以下研究内容。

（1）部分学者对可再生能源产业技术创新活动及其能力的空间格局进行了刻画与机理分析。例如，Corsatea（2016）基于意大利20个地区1998～2007年的面板数据，对可再生能源技术创新的影响因素及其作用机制进行了实证研究，结果显示，地区知识储备、研究人员数量以及公共研究补贴对可再生能源技术创新发展具有显著的推动作用；同时，在空间上，地区资源特征、能源依赖程度对可再生能源技术创新活动的空间格局也具有显著影响，特别是水电的发展对技术创新活动具有一定的抑制作用；此外，地区技术创新活动在一定程度上还依赖于地方政府的执政方向。谢聪和王强（2022）基于专利信息发现中国可再生能源产业技术创新能力整体增强态势显著，但空间分异明显，且可再生能源技术创新有较强的经济依赖性。其中，高、较高水平的可再生能源技术创新企业广泛分布在京津冀、长三角、珠三角地区经济较发达城市，经济发展基础、教育水平、工业化水平、用电需求、人力资本、科技投入、资源禀赋、环境规制等不同因素不同程度地影响着能源产业技术创新能力的形成。蔡萍和王强（2022）通过对水能资源产业创新水平特征的分析发现，产业创新水平高的区域和资源丰富区存在空间错位现象，当前以城市为枢纽的水能资源产业技术转移扩散网络正在逐渐形成。苏屹等（2021）基于多维邻近视角发现我国地区间可再生能源产业合作创新网络规模不断扩大，网络联系日益紧密，社会邻近性已成为推动可再生能源创新网络形成的重要因素。

（2）部分学者对可再生能源设备制造业的空间分布情况进行了深入研究。例如，Debbage和Kidd（2011）通过对北卡罗来纳州地区调研发现，可再生能源产业发展在这一地区仍处于起步阶段。同时，他们还对风电设备制造业、太阳能设备制造业、生物质能源产业（包括一般性设备制造、电器设备制造、锯木厂与原料加工、工程建设机械制造等多部门）以及地热产业空间分布格局情况进行了构建，指出可再生能源整体上集中分布在由夏洛特、皮埃蒙特三角区以及希科里-威明顿-埃施维尔研究三角区所组成的85号洲际公路交通走廊上。Dong等（2016）则从省级层面刻画中国可再生能源产业空间分布，结果显示，当前形成了以北京、天津、河北、山东为集中区的环渤海地区；以上海、江苏、浙江为热点区域的长三角地区；以河南、江西为集中区的华中地区和以四川、内蒙古、新疆、甘肃为集中区的西部地区。张晓平等（2021）梳理了世界核电工业的发展阶段和空间布局，发现核电工业的宏观布局中心由欧美逐渐转向亚洲。季佳雯（2016）基于2000～2014年世界各国之间的光伏产品出口贸易数据，从复杂网络的视角研究了国际光伏产品贸易竞争格局的演化和特征，指出虽然中国光伏产业阶段性发展的起落使得中国光伏产品的贸易关系发生很大改变，但是中国光伏出口贸易逐渐多元化以及主要贸易结构的转变能够有效化解过剩产能。朱向东等（2018）从对外贸易的视角，探讨了贸易保护背景下中国光伏产业空间分布格局的演化趋势，发现光伏产业规模形成了从东到西依次递减的格局。李德瑜(2012)、李德瑜等(2014)发现光伏产业设备制造企业主要分布在长三角城市群,在珠三角及河北、河南等地区也有分布;风电产业设备制造企业倾向于布局在装备制造业基础雄厚的城市。学者通过分析头部整机企业与核心零部件企业供应商企业的空间分布格局发现,中国可再生能源设备制造业多点布局的战略仍将持续。同时,风电产业链逐步细分,整机制造商行业集中度极高,在竞合过程中积极推进纵向整合,业务领域逐渐扩展(杨帆和柴艺娜,2010)。整体上来看,设备制造业形成了环渤海、长三角、中部和西部四大集聚区,设备制造企业与产业链下游应用市场空间分布不一致,供应链也就呈现多样化格局(熊伟和严丹霖,2015)。

(3)部分学者对可再生能源资源/原材料供给空间分布情况进行了研究。如Barrington-Leigh 和 Ouliaris(2017)基于空间分析开发出一个可再生能源产业情景模拟模型,并以加拿大 10 个省区为研究对象,进行了可再生能源产业发展潜力测算与空间差异比较。de Laurentis 和 Pearson(2018)从原材料的视角,分析了意大利可再生能源产业在空间分布上的不均衡特征,特别是太阳能产业和风电产业,从而指出资源丰度的空间差异对产业发展布局的重要影响。此外,国内学者也围绕可再生能源资源评估和开发潜力预测两条主线进行了诸多深入研究。例如,Wang 等(2019)研究发现近十年来可再生能源在中国形成了西北地区和西南地区"双核"空间分布格局,这种布局突出体现了资源依赖性和政策主导性的双重特点。李明等(2015)对岷江上游水电站的基本类型、水电站的空间分布格局进行了全面分析,并构建水电开发率、水电开发密度和水电开发强度 3 个指标对流域水电开发程度作出综合评价。钱玉杰(2013)指出我国水能资源空间分布不均衡,具有明显的空间集聚现象,西南地区的水能资源最为丰富,而东部地区的水能资源则较为贫乏;长江流域的水能资源最丰富,长江流域的水电站装机容量最大,水电站分布也最多,但全国水能资源总体开发利用程度较低。另外,可再生能源发电逐渐成为推动能源转型的重要途径,当前中国光伏装机规模不断扩大,山东、河北、青海等省份新增装机容量高,山东、贵州、青海等省份装机速度快,部分省份需要注意电力消纳与外送问题(韩梦瑶等,2022)。学者毛爱涵等(2021)评估了青海省 5 种可再生能源的发电潜力,为掌握未来开发前景提供了依据。刘立程等(2022)则以京津冀地区为案例,通过构建"地形-气象-成本"光伏开发适宜性综合评价指标体系,刻画了光伏产业空间格局演变特征,评估了光伏减排的环境效益。

四、可再生能源产业贸易网络研究

网络视角一直是能源贸易研究的传统视角。当前,国内外学者较多借助于复杂网络分析方法，揭示全球能源贸易流动的格局特征以及国家或地区之间的经济关联程度。特别是 20 世纪 90 年代以来，油气能源地理分布的区域差异性使得国际能源贸易关系不断趋于复杂化，呈现出能源贸易多极化的格局。学者们研究发现，不同的能源类型所呈现的能源网络贸易关系也不同。安海忠等（2013）和 Song 等（2021）基于世界石油进出口网络分析发现，国际石油贸易网络逐渐演变为稳定、有序、集成的系统，处于网络核心圈的节点国家对外部事件的冲击性较不敏感。此外，已有研究也表明原油贸易网络呈现出典型的"小世界"特征（Yang et al.，2015），非经济合作与发展组织国家占据话语权主导地位，以单一能源出口为导向的国家或地区处于网络边缘位置（Zhang et al.，2014；杨宇和任亚文，2023）。同时，研究发现，伴随中国的快速发展，其在世界能源贸易网络中的地位不断提升（程中海等，2019）。相较于原油世界贸易而言，液化天然气的国际贸易互动关系变动较为频繁，"核心-边缘"结构也呈现不断重组的特征，国家与国家之间的相互联系越发紧密（Li et al.，2021）。何则等（2019）通过整合石油、天然气、煤炭 3 类能源构建全球化石能源贸易网络，基于复杂网络的连通性、中心性和社团结构等研究方法，发现能源贸易网络呈现小世界特性和无标度网络特性，同时也指出世界能源进出口格局已重塑。

当前，全球能源贸易市场正处于由油气能源时代向可再生能源时代转变的关键时期，为此，可再生能源相关的贸易研究也不断增加。与化石能源作为主要消耗品不同的是，可再生能源当前的国际贸易并不以终端电力消耗为主，而是以设备和产品的贸易为主。种照辉等（2022）选择煤炭、石油、天然气三种化石能源和以光伏、风电、水电为代表的可再生能源进行了贸易网络对比分析，结果显示，化石能源贸易网络发展至今已经形成了较为稳定的格局，尽管可再生能源贸易发展势头迅猛，但与化石能源广泛、复杂的网络结构相比，其贸易网络大多围绕中心国家或地区进行构建，还未达到成熟阶段。吴爱萍等（2022）也探讨了全球核电设备贸易网络结构演化特征，在经历"福岛事件"后，全球核电贸易网络进入谨慎发展阶段。其中，美俄在网络中居于重要地位，贸易网络集团也由单核心向多核心转化。齐玮等（2022）研究发现，全球风电设备贸易网络形成了以北美洲、欧洲和东亚为主的多中心结构，风电设备产品中玻璃纤维和零部件贸易紧密程度更高。韩梦玮和李双琳（2020）对"一带一路"海洋能源产品贸易网络结构特征进行研究，发现国家间贸易网络联系不够紧密，中国在中亚和欧洲地区的海洋能源产品竞争力也较弱。但值得注意的是，依赖于国内坚实而完备的制造业基础与产业体系，中国在全球可再生能源设备贸易网络中与其他国家之间的互动程度不断加深，贸易对象也逐步扩展到全球有可再生能源发展目标和装机需要的国家，从而在光伏、水电、风电等设备贸易中形成了国际比较优势。在全球能源转型的大背景下，世界上多数国家发展可再生能源产业的基础和动力充足，中国与全球能源互动的逻辑已经从油气能源贸易扩展到了制造业体系、可再生能源设备、国际投资等多元格局（杨宇，2022；帅竞等，2018）。

五、可再生能源产业发展与社会-经济-环境相互作用研究

伴随可再生能源产业在全球范围内的快速发展，国内外学者围绕可再生能源产业发展对社会就业、经济发展以及环境可持续发展展开了深入研究。Wei 等（2010）通过对美国可再生能源、能源效率、碳捕捉与储存、核能等部门领域 15 个有关就业情况的研究，提出发展可再生能源产业能够吸引比传统化石能源产业更多的就业人口。相似的研究结论也出现在 Walwyn 和 Brent（2015）、Inglesi-Lotz（2015）等的研究中。Dai 等（2016）评价了大规模可再生能源产业发展对社会经济发展和环境的效益，并基于 2050 年构建了两个情景。研究结果显示，大规模可再生能源产业会促进上游产业发展，推动能源结构重构，减少空气污染物的排放，从而带来环境效益；非化石能源产业将成为支柱产业，增加就业岗位，带来经济效益和社会效益。与前述研究角度不同的是，Jo 等（2018）通过可再生能源优化矩阵来确定美国伊利诺伊州风电和光伏产业最佳供给电量，用以定量指导可再生能源产业发展规模。

此外，为促进可再生能源产业发展，国内外学者也就社会、经济、环境对可再生能源产业优化与重构路径做了诸多研究。例如，谢建民等（2003）指出风电机组容量系数和风电机组价格为风电成本主要影响因素，而特定场点的风电成本还取决于风电机组参数和价格。此外，风电成本的敏感性、政府政策推动下的技术创新模式转变等也得到了学者们的关注（沈又幸和范艳霞，2009；谢祥等，2011）。除了单一影响因素，更多学者对综合影响因子进行识别。Lutz 等（2017）在德国能源转型的背景下，通过对影响德国 18 个地区可再生能源使用的驱动因素识别、评价研究，提出区域可再生能源的共同模式，发现特定驱动因素在不同地区所带来的影响并不相同。

第三节 本 章 小 结

全球可再生能源产业的快速发展引起了学术界的关注和高度重视，相关学者开展了大量理论与实践研究，积累了丰富的研究成果，为本书研究奠定了较好的理论基础与方法借鉴。同时，也为本书研究提供了以下深入探讨空间。

（1）在研究视角方面，已有研究多以经验型和对策型分析为主，虽有助于认识可再生能源产业发展现状、问题，以及制定可行的政策，但对"空间要素""建构-关联"（Constitution-Linkage）的作用重视不足，未形成适合可再生能源产业发展的一般性演化规律和普适性优化路径，在申请人认知范围内尚未看到关于全球尺度-国家尺度-区域尺度产业空间组织的演变历程和阶段特征的研究成果。实际上，空间观念是更好地理解世界的一种途径（金凤君，2007），也是我们改造物质空间的一个工具。为此，作者认为今后可再生能源产业发展研究应进一步向"空间视角"拓展，开展基于多元空间观念的产业组织演变及其优化机制研究，发挥人文-经济地理学学科优势，对发展中国能源地理学、部门经济地理学均有裨益。同时，基于当前企业信息"大数据"的分析技术，进一步推进产业空间组织关系的动态模拟，建设不同空间尺度的数据信息池，可为实现可再生能源产业跨区域、跨部门协调发展提供支撑。

（2）在研究维度方面，国外可再生能源产业链相关研究大部分建立在企业微观尺度之上，通过对企业空间分布、组织联系的分析调查初步刻画了可再生能源产业链不同环节的空间集聚特征，但这些研究关注产业发展链条的局部空间分布特征，忽视了区域内部与产业之间相互关系。例如，Chiaroni 等（2015a）在研究意大利可再生能源产业链时，主要考察了设备制造、安装服务这一环节的国内外分工关系，没有就区域内部企业之间的相互组合关系进行研究，如科技创新企业、设备制造企业、可再生能源生产/供给企业空间分布特征及其组织联系。国内研究较多集中在国家和区域宏观层面，也同样主要集中在设备制造业这一环节。例如，Dong 等（2016）对中国可再生能源设备制造业在省域尺度上的分布格局进行了刻画。事实上，可再生能源产业链大致可分为技术研发与产品设计-核心零件生产-一般零部件生产-设备组装加工-服务与贸易-可再生能源生产与销售几个环节，不同环节经济附加值差别较大，企业的区位选择也存在较大差别。众所周知，我国东、中、西部社会经济发展水平与资源环境差异明显，这对可再生能源产业链的整体空间布局或者空间组织结构演变是否具有影响？这是一个值得深入研究的科学命题，也是符合中国国情的本土化理论探索。

（3）在研究内容方面，国内外学者主要立足自身学科特征，从可再生能源产业部门构成、资源评估、战略探讨、影响因素及其社会-经济-环境影响等方面开展了诸多研究。但值得注意的是，可再生能源产业空间组织特征及效率的基础性问题尚未得到准确解答，如中国可再生能源产业空间格局呈现何种特征？当前频现的"弃风弃光"现象是产能过剩还是产业空间组织失效？未来产业空间布局如何优化等等。事实上，国内外已有研究指出区位在可再生能源产业空间组织和联系中的重要地位，也就是说一个区域健康发展的可再生能源产业不仅仅是大规模的产能、先进的技术和科学的管理，还与有效的空间布局密切相关。而目前，人文与经济地理对产业空间组织与重构的研究成果已相当丰硕（李小建，1997，2004；王缉慈等，2007；贺灿飞和潘峰华，2007，贺灿飞和谢秀珍，2005；魏后凯和邬晓霞，2010），现有研究范式是否适合可再生能源产业？这些问题都是本书致力于研究的内容。

（4）在研究方法方面，网络研究作为社会科学的一种研究视角，可以对"关系"进行精确量化，进一步推进可再生能源产业空间组织关系的研究。国内外可再生能源产业链的相关网络研究主要是通过联合国商品贸易数据库中的进出口贸易数据构建贸易网络，构建无向加权网络。在城市网络领域，学者们越来越多地在研究中构建有向加权网络，通过城市"代理人"的选择将网络联系中的"流"可视化，有效反映产品贸易的流向。

第三章　中国可再生能源产业时空演化格局研究

第一节　可再生能源产业链及其网络构建

一、可再生能源产业链及其相关企业数据库构建

依据相关部门和学者们对于产业链的研究，参考联合国计划开发署提出的可再生能源产业链，产业链流程包括知识/技术提供、装备制造、分销零售以及电力服务四大环节，本书重点关注可再生能源产业链中的技术服务、设备制造、供电发电三个产业部门，以此构建以光伏、风电产业为代表的中国可再生能源产业链（图 3-1）。其中，技术服务部门包括技术研发企业和技术推广企业，在工业行业

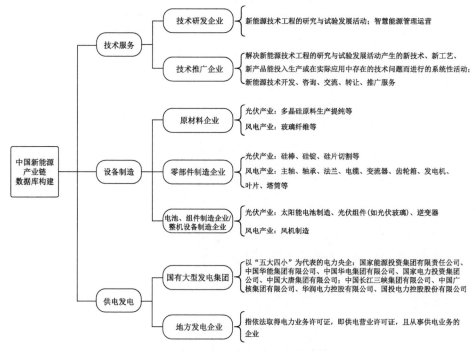

图 3-1　中国可再生能源产业链构建体系

分类中，大多属于研究和试验发展以及科技推广和应用服务业；设备制造产业部门包括原材料企业、零部件制造企业以及电池、组件或整机设备制造企业，大多属于制造业，是可再生能源产业链条中的核心部门；供电发电产业部门主要包括以"五大四小"为代表的国有大型发电集团和地方发电企业，大多属于电力、热力生产和供应业。

目前，中国可再生能源产业链中与企业相关的官方统计数据较为缺乏。基于此，本书采用大数据搜集、清洗手段，通过"天眼查"企业数据平台（https:www.tianyancha.com/）检索涵盖可再生能源产业链中的技术服务、设备制造、供电发电三环节企业信息。"天眼查"企业信息查询平台数据来源于政府公开数据，主要来源有国家企业信用信息公示系统（http://www.gsxt.gov.cn/index.html）、中国裁判文书网（http://wenshu.court.gov.cn/）、中国执行信息公开网（http://zxgk.court.gov.cn/）、国家知识产权局商标局中国商标网（http://sbj.cnipa.gov.cn/）等，数据来源真实可靠，在已有研究中广泛使用（关皓明等，2021；宗会明和吕瑞辉，2020；李鲁奇和孔翔，2022），可作为本书研究的主要数据来源。

此外，为了筛选出光伏、风电产业链各环节企业数据并保证其样本的全面性，我们开展以下前期工作：首先，检索企业名称和经营范围中包含"光伏发电""风力发电"字段的企业，并设置时间段为 2000 年 1 月 1 日至 2021 年 12 月 31 日，从而获取包含企业经营状态等在内的基本属性信息。其次，为保证数据的准确性和真实性，本书再次从经营状态、经营范围和注册资本三个方面对所得数据进行筛选、校正。通过企业的经营状态信息识别保留经营状态为存续、在业的企业；通过经营范围识别剔除与可再生能源产业无关的企业类型；根据产业链三个环节经营内容的差异，设定技术服务和设备制造企业注册资本在 1000 万元以上，供电发电企业注册资本在 100 万元以上。最后，建立了 2000~2021 年中国 368 个地级（自治州、盟）及以上行政单元可再生能源产业链数据库，具体统计信息见表 3-1。其中，由于港澳台地区相关数据不完整，暂不列入本书研究范围。

表 3-1　中国可再生能源产业链各环节数据库　　（单位：家）

产业链 环节	对应工商登记行业（分类号）	光伏产业 企业/项目数量 2000~2021 年	风电产业 企业/项目数量 2000~2021 年
技术服务	研究和试验发展（73）、 科技推广和应用服务业（75）	8 877	4 074

产业链 环节	对应工商登记行业（分类号）	光伏产业 企业/项目数量 2000~2021 年	风电产业 企业/项目数量 2000~2021 年
设备制造	化学原料和化学制品制造业（26）、通用设备制造业（34）、专业设备制造业（35）、电气机械和器材制造业（38）、其他制造业（41）	2 811	1 075
发电供电	发电场项目；	5 697	4 415
	电力、热力生产和供应业（44）	11 546	4 569

二、可再生能源产业链网络构建

（一）数据处理

不同类型、不同规模等级的可再生能源企业往往布局于不同城市并以产业链的方式映射出城市网络。当前，受规模经济与集聚经济影响，可再生能源产业链上、中、下游部门在空间上往往呈现多元、复杂的网链联系特征。其中，可再生能源产业链中游环节作为产业核心竞争力所在，在产业链中具有"承上启下"的作用。中游环节可以有效整合上游科技创新和下游市场反馈的所有信息，及时调节业务内容和发展方向，在全产业链中占据统筹全局的地位。此外，光伏、风电产业链设备制造业在产业竞合过程中行业集中度较高，市场向大企业倾斜。基于此，本书以光伏、风电产业链中游设备制造环节为切入点，选择部分核心设备制造企业，通过天眼查企业信息数据平台获取其供应商企业、需求客户企业信息，通过中游与上游、中游与下游之间的联动关系构建出产业链上-中游和中-下游网络。具体分为三个步骤进行。

第一步：样本选取。光伏、风电产业设备制造企业的选择是研究与模拟可再生能源产业空间格局与组织网络的基础。为确保所选企业的质量，本书综合参考2022 年全球可再生能源企业 500 强榜单和北极星电力网的相关企业信息，选择 166家光伏产业设备制造企业和 205 家风电设备制造企业作为研究案例。所选样本企业经营状态均为在业，经营范围和业务内容包含制造环节主要产品类型。样本企业空间分布如图 3-2 所示：从空间格局来看，光伏产业核心设备制造企业主要分布在浙江省、四川省、广东省、内蒙古自治区等省区，其中江苏省占比约为 31.33%；风电产业设备制造核心企业主要分布在江苏省、辽宁省、浙江省、山东省、广东省等省份，以上省份共占比约 51.5%。

第二步：样本关系处理。运用大数据手段获取核心设备制造企业的供应商企业和需求客户企业数据，包括位置、经营范围等信息，以此明确企业前向、后向联系网络。

第三步：数据清洗。剔除经营状态为倒闭、注销、吊销的企业；参考企业信息平台所提供的供应商企业、需求客户企业的经营范围，剔除与可再生能源产业关联不密切的企业，如供应商企业中为核心设备制造企业提供法律、通信服务的事务所、通信公司，需求客户企业中的设备安装公司、土木建筑公司等。

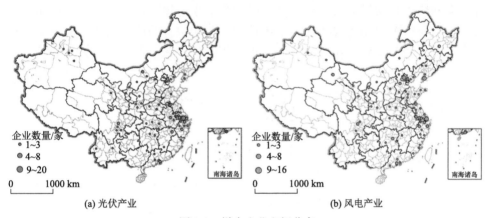

图 3-2　样本企业空间分布

（二）网络构建

网络构建过程实质是企业关系构建的过程。本书在构建可再生能源企业关系网络时着重考虑两个方面：一是城市"代理人"的选择；二是网络构建的方法。

在网络关系的研究中，城市网络研究不再以城市自身的属性数据来模拟城市间相互关系，而是致力于利用不同行为主体的联系数据来描述和分析城市组织系统。用于研究城市网络的"流"大体可以分为两种：一种为"硬网络"，主要包括交通和通信网络（陈伟等，2017；王姣娥和景悦，2017）。另一种则是建立在"硬网络"之上的"软网络"，学者们通过挖掘区域间的资本流向、企业的多区位布局、产品交易等数据进行网络构建以研究跨地方的功能联系（杨文龙等，2017；黄晓东等，2021）。其中，企业网络是描述城市联系最有效的工具之一，企业间的合作交流、技术往来、资金与人才流动等直接促进了城市网络的形成。例如，杨雨和盛科荣（2021）基于企业网络视角发现中国城市网络整体呈扁平化特征，但联系越来越紧密，且存在东西部发育不同步现象，其中核心城市之间的联系更固定。

此外，关系数据具有起点和终点属性，包含方向和权重特征。不同的属性数据及数据处理方式会呈现不同的网络结构，如图 3-3 所示，已有研究中主要包括 4 种网络，即无向无权网络、有向无权网络、无向加权网络、有向加权网络（刘军，2004；刘铮等，2013）。当前大多数学术研究多聚焦于无向加权网络的构建，其优点是采用对称矩阵，易于计算，但其可视化忽视了城市之间联系的方向性和不对称性，降低了属性数据的价值，得到的结论无法完全做到全面客观。有向加权网络的复杂性和稠密性增加了其分析难度，且基于无向网络的部分社会网络分析指标无法直接计算，因此相对来说较少在学术研究中使用，但有向加权网络关注到了现实社会中各种"流"所包含的城市间联系的不对称性和联系强度的差异性，在对节点进一步分析时可量化节点出度与入度的关系，结果也更准确。

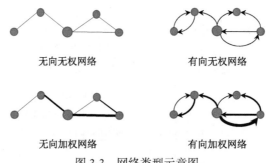

无向无权网络　　　　　　　　有向无权网络

无向加权网络　　　　　　　　有向加权网络

图 3-3　网络类型示意图

综合以上分析，本书基于地级城市尺度，通过提取光伏、风电产业核心设备制造企业和其供应商企业、需求客户企业数据空间位置信息，构建可再生能源设备制造企业基础数据库。在此基础上，构建核心设备制造企业-上游企业关系网络、核心设备制造企业-需求客户企业联系网络，并将这两个网络关系转换为中国地级以上行政单元之间的关系，从而构建起光伏、风电产业链上-中游和中-下游城市网络。具体来讲，参考已有研究成果（吴康等，2015；孙志晶，2020），本书定义 R_{ij} 为城市 i 与城市 j 的联系强度（带有向量性的企业联系流）。其中，在产业链上-中游网络中，城市 i 为供应商企业所在地，城市 j 为核心设备企业所在地；在产业链中-下游网络中，城市 i 为核心设备企业所在地，城市 j 为需求客户企业所在地。R_{ji} 则为相反的向量数值，考虑到联系的方向性，$R_{ij} \neq R_{ji}$。O_i、D_i 分别表示城市 i 的出度联系总量和入度联系总量，如式（3-1）、式（3-2）所示，$O_i \neq D_i$。在部分社会网络分析指标中，有向加权网络需转化为上下三角对称的无向多值网络，在此网络中，（$R_{ij}+R_{ji}$）则表示城市 i 和城市 j 之间的联系强度。基于以上分析，构建基于光伏、风电产业链的联系矩阵，$R=(R_{ij})$，矩阵如式（3-3）所示。

$$O_i = \sum_j R_{ij} \qquad (3\text{-}1)$$

$$D_i = \sum_j R_{ji} \qquad (3\text{-}2)$$

$$R = \begin{bmatrix} 0 & R_{12} & \cdots & R_{1(n-1)} & R_{1n} \\ R_{21} & 0 & \cdots & R_{2(n-1)} & R_{2n} \\ \vdots & \vdots & \vdots & \vdots & \vdots \\ R_{(n-1)1} & R_{(n-1)2} & \cdots & 0 & R_{(n-1)n} \\ R_{n1} & R_{n2} & \cdots & R_{n(n-1)} & 0 \end{bmatrix} \qquad (3\text{-}3)$$

第二节　中国可再生能源产业时序阶段性特征

整体来看，中国光伏、风电产业发展呈现明显的阶段性特征（图3-4、图3-5），其发展趋势重大节点与国家相关政策出台时间大体一致（图3-6），呈现出由"政策+资本+技术"驱动向"资本+技术"驱动转变的趋势。将可再生能源产业发展过程划分为如下几个阶段。

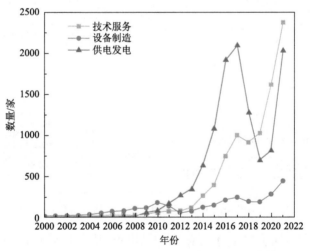

图 3-4　2000～2021 年光伏产业链各环节发展趋势图

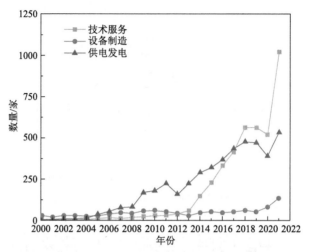

图 3-5　2000～2021 年风电产业链各环节发展趋势图

图 3-6　中国新能源产业政策演变进程

（1）缓慢发展期（2006 年之前）。中国的光伏产业起步于 20 世纪 80 年代，但由于成本高且我国技术创新能力有限，仅太阳能电池产业得到初步发展。直到 1997 年，"中国光明工程"扶持项目的启动才正式拉开了光伏产业发展的序幕。2002 年，无锡尚德太阳能电力有限公司、江西赛维 LDK 太阳能高科技有限公司等光伏企业相继投产，并开始进行设备自主研发。这一阶段，由于缺乏相关政策引导，光伏制造企业主要业务集中在低级硅料和组件生产环节，投资者也普遍对光伏产业发展消极看待。同期，中国风电产业处于探索发展阶段，主要通过引进、消化、吸收国外先进技术和管理模式开展风电设备产业化研究。2005 年，我国实现了完全自主知识产权的风电机组并网发电，风电技术进入兆瓦级时代。2006 年1 月 1 日《中华人民共和国可再生能源法》施行，建立了稳定的费用分摊制度，从而大大激发了光伏、风电产业的开发规模和本土制造能力。

（2）成长过渡期（2007~2012 年）。2008 年左右，受全球金融危机的影响，部分光伏装机大国，如德国、西班牙大幅削减国内光伏补贴，光伏组件需求量随之降低，从而导致部分光伏企业海外市场产品滞销甚至停产。2009 年，受益于标杆上网电价机制的出台与实施，在光电建筑应用示范项目和金太阳示范工程等项目的带动下，国内光伏发电产业逐步进入市场化、规模化、专业化阶段。此外，大型光伏发电站的发展也带动了分布式光伏产业的兴起，我国自此成为世界主要光伏装机市场之一，但光伏企业数量保持着微弱的上升趋势。同期，科技部针对我国风电存在的整机技术水平低、产业不完整等重大问题规划了风电整机成套设备、关键零部件、海上风电、标准规范体系 4 个主要研究方向，风电整机制造能力大幅提升，部分企业大型风电机组实现规模化生产，并于 2010 年开始启动建设海上风电示范项目。到 2012 年，受欧美"双反"政策（反倾销、反补贴）的影响，叠加前期投资热潮所造成的产能过剩问题，光伏产业遭遇全行业危机，多家光伏企业仅保留低端生产制造，风电产业也因产能过剩、消纳难等问题突出，从而导致弃光、弃风率不断攀升，从而严重影响了光伏、风电企业的投资积极性。

（3）快速发展期（2013~2017 年）。这一阶段，在国家补贴政策的推动下，可再生能源产业逐渐回暖并进入快速发展阶段。特别是 2016 年，《国家发展改革委关于调整光伏发电陆上风电标杆上网电价的通知》等一系列利好政策的发布，有力推动了可再生能源产业进入产能爆发期。这一时期，政府加大了对光伏、风力发电消纳的支持力度，将全国划分为三类资源区，分别明确补贴年限、电价结算等核心问题。在此背景下，社会资本争相进入可再生能源产业，企业数量和新增装机容量迅猛增加。但伴随光伏产能的快速增长，政府补贴资金缺口的问题开始显现，并蔓延至全产业链。同时，补贴政策拉动的"抢装潮"也导致了光伏、风力发电消纳压力不断加大，"弃光弃风"现象反复出现。

（4）规范调整期（2018 年至今）。伴随全球范围内可再生能源电力平价上网机制的广泛实施，可再生能源发电按照传统能源的上网电价收购实现了合理利润，产业链的盈利构成要素从"政策+资本+技术"转变为"资本+技术"。为有效调控光伏产业健康发展，2018 年《国家发展改革委 财政部 国家能源局关于 2018 年光伏发电有关事项的通知》发布，全面缩减光伏产业补贴范围、降低补贴力度，我国光伏产业无补贴时代正式到来。此举措致使大量小微企业迅速退出市场，企业数量骤降，而具有技术和规模优势的大企业在竞争格局中占比增大，行业格局在变动中实现重新组合。光伏"竞价"政策的出台以及一系列保障平价项目的推出，为光伏产业链上、下游企业加快技术创新、降本增效提供动力。2021 年，光伏发电产业已实现全面平价上网，正式进入全面市场化发展阶段。同期，风电产业波动幅度相对较小，这主要得益于我国风电设备制造技术的日臻成熟，风电配套产业链及其产品创新机制不断完善，风电产业也逐步进入平价上网时代。

第三节　中国可再生能源产业时空分异特征

基于光伏、风电产业时序发展阶段，本节将研究时序划分为 2000～2012 年、2013～2017 年、2018～2021 年三个阶段，以期明晰两类产业空间分异演化过程与格局特征。

一、空间差异性特征

应用本书所建立的可再生能源产业数据库，采用基尼系数来反映光伏、风电产业链各环节分布整体空间差异特征。基尼系数被广泛用于衡量国家、地区、城乡居民收入差距，本章借助基尼系数测度中国可再生能源产业链各环节的集聚程度，公式如下：

$$G = 1 - \frac{1}{n}(\sum_{i=1}^{n-1} W_i + 1) \qquad （3-4）$$

式中，G 为区位基尼系数；n 为研究区数量；W_i 为累计数量占总数量的比例。G 的取值范围是[0，1]，一般来讲，若基尼系数低于 0.2 为高度均衡，0.2～0.3 为比较均衡，0.3～0.4 为相对合理，0.4～0.6 为差距较大，当基尼系数高于 0.6 时，则表示差距悬殊。

如表 3-2 所示，2000～2021 年中国可再生能源产业链各环节基尼系数均大于0.6，说明可再生能源产业在全国各地区发展极不均衡。其中，2000～2021 年，光伏、风电产业技术服务环节基尼系数分别由 0.84、0.91 下降至 0.69、0.73，说明参与可再生能源产业技术研发与推广的城市不断增加，空间分布逐渐由低水平集聚转向均衡化发展，但技术门槛的存在使得技术服务企业集聚水平仍然较高。相对于上游产业，同时期光伏、风电产业设备制造环节企业的基尼系数变化程度较小，分别由 0.78、0.82 略微下降至 0.77、0.79，说明可再生能源产业设备制造业依托于区域稳定而雄厚的制造业基础，其空间外溢效应较不明显。与上、中游企业空间分布明显不同，光伏、风电产业供电发电环节基尼系数分别由 0.90、0.78下降至 0.66、0.63，说明在国家政策扶持与技术创新的双重引导下，可再生能源开发范围逐步扩大，特别是在运营成本持续下降的背景下，光热、风力资源得到高效开发，行业规模持续扩大，空间集聚状态减弱。

表 3-2　2000～2021 年光伏、风电产业基尼系数

产业链环节	产业类型	2000～2012 年	2013～2017 年	2018～2021 年
技术服务	光伏产业	0.84	0.74	0.69
	风电产业	0.91	0.77	0.73
设备制造	光伏产业	0.78	0.77	0.77
	风电产业	0.82	0.83	0.79
供电发电	光伏产业	0.90	0.62	0.66
	风电产业	0.78	0.65	0.63

二、空间集聚特征

光伏、风电产业链各环节的空间集聚特征显著不同，部分环节仅依靠企业斑块格局并不能有效刻画。因此，本节借助 ArcGIS 核密度分析等工具对可再生能源产业链不同环节空间集聚特征进行可视化表达，并进行详细分析。

本书使用可再生能源产业链各环节数据计算每个点要素在周围邻域中的密度，核密度方法可依据样本数据将区域内离散的点转化为平缓、连续的密度分布图，其可以直观地反映目标在空间集聚情况的特点而常应用于空间结构研究。公式如下：

$$D_i = \frac{3}{\pi r^2} \sum_{i=1}^{n} \left(1 - \frac{d_i^2}{r^2}\right)^2$$

（3-5）

式中，D_i 为栅格 i 的密度值；r 为以栅格 i 为中心的计算半径；n 为半径 r 内的点的数量；d_i 为半径 r 内某点距离中心的距离，r 采用 ArcGIS 的默认值。

（一）技术服务环节空间集聚特征

由图 3-7、图 3-8 可知，光伏、风电产业技术服务业的空间集聚格局呈现由"三核"向"面状"扩散、由沿海向内陆扩散的特征。具体来讲，2000～2012 年，技术服务企业整体数量较少，高值区集中分布于我国京津冀、长三角和珠三角三大城市群地区，"极核"形态明显。2013～2017 年，原有的"三核"集聚状态进一

步强化，但在沿海地区，面状扩散态势开始显现，形成以无锡市、苏州市、南京市为核心的江苏省"面状"集聚区和以济南市、潍坊市、青岛市为核心的山东半岛城市群强集聚区。此外，在内陆地区，以西安市、合肥市、成都市、长沙市等省会城市为核心的中部集聚区也开始凸显。2018～2021年，集聚区城市数量持续增加，沿海"面状"集聚区南北延伸趋势进一步强化，中西部地区高值区更加明显，西安市、合肥市、成都市、长沙市等省会城市的引领作用持续强化。

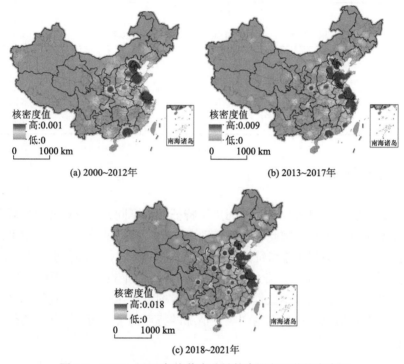

(a) 2000~2012年　　　　　　　(b) 2013~2017年

(c) 2018~2021年

图 3-7　2000～2021 年光伏产业链技术服务环节核密度图

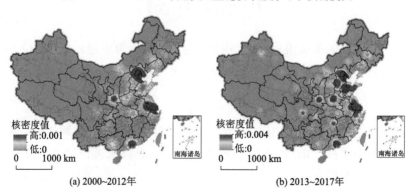

(a) 2000~2012年　　　　　　　(b) 2013~2017年

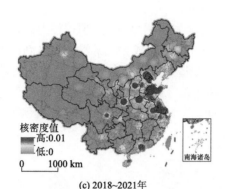

(c) 2018~2021年

图 3-8 2000～2021年风电产业链技术服务环节核密度图

总之，可再生能源产业作为我国重要的战略性新兴产业，三大城市群的核心城市和中西部省会城市分别在全国、区域层面发挥着重要的引领作用。此外，从三个阶段光伏、风电产业链技术服务环节集聚状态来看，不难发现可再生能源科技创新扩散方式呈现出等级扩散和传染扩散两种特征。一方面，东部沿海三大城市群中北京市、天津市、上海市、深圳市、广州市核心集聚城市集聚状态强化，与创新型企业重点布局在一线发达城市且"强者恒强"的发展态势相一致（刘树峰等，2018；周晓艳等，2020）。另一方面，沿海地区核心集聚城市通过空间溢出效应推动光伏和风电科技创新产业向周边邻近且具有较高科技创新水平的城市扩散。同时，可再生能源科技创新与服务企业的空间区位选择具有相对较高的门槛，这就决定其空间分布存在着距离衰减效应，知识和技术扩散过程和强度与人的流动、交通方式、市场需求等有关。为此，在我国中西部地区，可再生能源科技创新与服务企业往往选择在省会城市布局，从而呈现出由东部沿海城市向中西部内陆省会城市扩散的特征。

（二）设备制造环节空间集聚特征

与传统制造业不同，可再生能源设备制造需高度依赖于国家和地区高新技术发展水平和雄厚的工业基础。这就决定了制造业基底稳固、投资环境优越、科技创新水平较高的地区与城市往往成为这类企业的集中地。就我国而言，光伏、风电产业设备制造业主要集中于东部沿海地区。这与我国当前区域科技创新水平与工业发展基础格局基本一致。

具体来讲，2000～2012年，光伏产业设备制造业高度集聚于长三角城市群和珠三角地区，尤其是江苏省（图3-9）。这一时期，苏州市、无锡市、上海市、扬州市、温州市、嘉兴市，以及珠三角地区的深圳市、广州市、东莞市率先成为引领全国光伏产业发展的"领头羊"，并凭借制造业优势加速形成产业集聚区。这一格局在 2012～2021 年并未发生明显改变。值得注意的是，福建厦漳泉地区光伏设备制造产业不断壮大，在 2021 年成为东部沿海地区新的产业集聚区。相对于光伏设备制造业，风电设备制造业空间分布的集中性更为明显且空间范围更广（图 3-10），环渤海、长三角、珠三角三大经济区成为风电产业设备制造业集聚的主要空间载体。直至研究期末（2021 年），在我国东部沿海地区形成了光伏、风电设备制造集聚带。

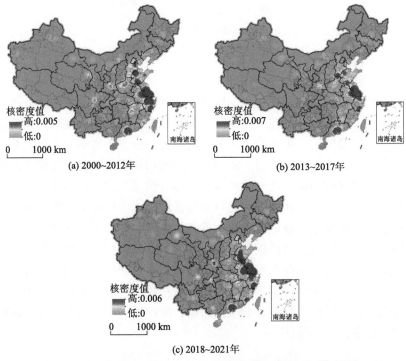

图 3-9　2000～2021 年光伏产业链设备制造环节核密度图

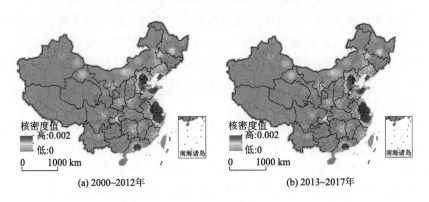

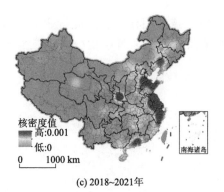

(c) 2018~2021年

图 3-10 2000～2021 年风电产业链设备制造环节核密度图

从城市尺度来看，光伏、风电产业设备制造业的选址更倾向在经济规模庞大且工业基础雄厚的城市布局。其中，江苏省的部分城市以其资金、技术力量以及有利的地理位置等因素成为最重要的设备制造基地。例如，无锡市是中国光伏产业发展最早的城市之一，于 2016 年成立了国内唯一的专业光伏交易市场，目前已形成包括光伏材料、电池、组件、数据管理等光伏全产业链竞争优势，同时形成了风电产业集群，是重要的风电场建设基地，也是未来海上风电发展的重点地区之一。

此外，由于不同设备部件的经济附加值不同，其行业在全产业链中的地位也有较大区别。因此，分析中游环节不同类型行业的空间集聚特征，有助于进一步分析、探究中游环节内部不同行业的地域分工。为此，本书将光伏产业链设备制造环节大体可拆解为原材料生产、零部件生产以及光伏电池与组件制造三种类型。其中，原材料生产利润率最高，如多晶硅环节，其次为硅片、硅棒（锭）生产等，而光伏电池和光伏组件的利润率相对较低。同时，本书将风电产业链设备制造环节大体拆解为原材料生产、零部件生产和整机制造三种类型。其中，零部件中的轴承、主轴、法兰、电缆、变流器利润率较高，塔筒、叶片次之，整机制造利润率处于制造端最低环节。

依据工业和信息化部发布的《光伏制造行业规范条件（2021 年本）》，将符合规范的部分光伏发电设备制造企业空间可视化，结果如图 3-11 所示。从空间上来看，光伏产业设备制造业形成了以中西部为原材料供应基地、长三角为制造基地的空间分布格局。依据北极星电力网发布的风电装备制造企业名录，将部分风电设备制造企业空间可视化，结果如图 3-12 所示。从空间上看，风电产业设备制造业形成了中西部为原材料和零部件生产基地，环渤海、长三角、珠三角为核心的风电产业设备制造集聚区。值得注意的是，尽管风电整机制造利润率相对较低，但其技术门槛高，因此行业集中度极高，国内整机制造商经过多年竞争当前仅有 20 余家，且主要分布在东部经济较发达和工业基础雄厚的地区。

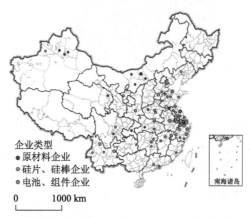

图 3-11　光伏产业核心设备制造企业空间分布

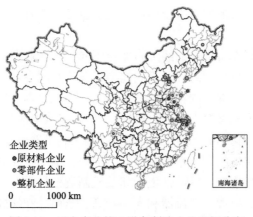

图 3-12　风电产业核心设备制造企业空间分布

（三）供电发电环节空间集聚特征

可再生能源产业供电发电环节处于产业链下游，在此环节可再生能源供电发电企业与风电光伏基地项目存在空间分离现象。因此，此环节的空间集聚方式特征分析中，在关注供电发电类企业空间集聚格局的基础上，同时关注发电场项目和装机容量的空间集聚格局。

1. 供电发电企业空间分布格局

由于光伏、风力发电行业存在一定资金与技术壁垒，当前参与发电场建设的企业主体主要包括两大类：第一类为具有国资背景且具有强大资金实力的电力央企，其业务涉及火电、水电、光伏、风电等各种发电形式，在国家级风电、光电基地建设中占据举足轻重的地位。此类电力央企主要以"五大四小"为代表，即国家能源投资集团有限责任公司、中国华能集团有限公司、中国华电集团有限公司、国家电力投资集团公司、中国大唐集团有限公司、中国长江三峡集团有限公司、中国广核集团有限公司、华润电力控股有限公司、国投电力控股股份有限公司。

第二类为地方发电企业，主要包括地方小型发电场和分散式、分布式发电站的运营。由图 3-13、图 3-14 可知，2000~2021 年，光伏、风电产业供电发电环节企业空间集聚格局变化十分明显。具体来讲，2000~2012 年，光伏产业供电发电环节集中分布在东北-内蒙古-西北地区一带。其中，酒泉市、海西蒙古族藏族自治州、哈密市、银川市、吴忠市等西北地区城市的集聚程度最高。2013~2017 年，光伏产业供电发电环节企业急剧增加，并在华北地区和华东地区形成新的集聚区，此阶段呼和浩特市、酒泉市、海西蒙古族藏族自治州、赤峰市、鄂尔多斯市等城市集聚程度最高，而宜昌市、上饶市成为新的高值集聚区。2018~2021 年，在上一阶段基本格局的基础上，中部地区的上饶市、黄冈市、赣州市等城市高值集聚状态明显。

风电产业供电发电环节在 2000~2012 年形成与光伏产业相类似的格局，即在东北-内蒙古-西北地区形成集聚带，同时，在东部沿海地区也形成了次集聚带。2013~2017 年，在原集聚状态的基础上，发电企业往西北地区和华北地区、华东地区逐步扩展，此阶段哈密市、酒泉市、包头市、呼和浩特市、锡林郭勒盟等城市高值集聚状态依然明显。2018~2021 年，集聚区进一步向中部、南部扩展，但呼和浩特市、鄂尔多斯市、通辽市、酒泉市等位于内蒙古、西北的城市仍为主要高值集聚区。究其原因在于分布式风电技术的广泛应用推动了发电企业在全国的持续扩散。

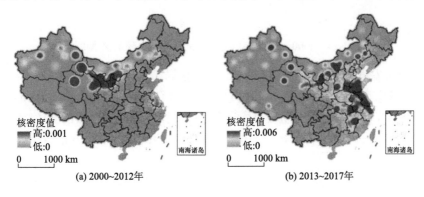

(a) 2000~2012年　　　　　　　(b) 2013~2017年

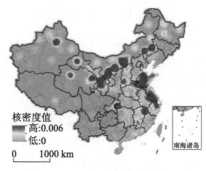

(c) 2018~2021年

图 3-13　2000～2021 年光伏产业链供电发电环节核密度图

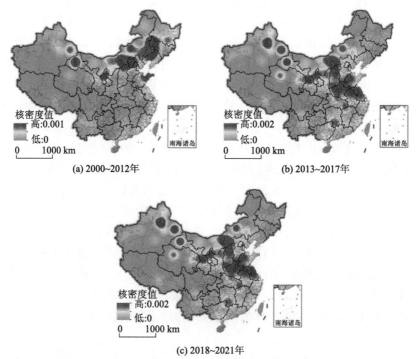

(a) 2000~2012年

(b) 2013~2017年

(c) 2018~2021年

图 3-14　2000～2021 年风电产业链供电发电环节核密度图

2. 供电发电类项目及装机容量空间分布格局

根据国家可再生能源发电项目信息管理平台（https://sso.renewable.org.cn/）中可查询到的光伏、风力发电场项目统计数据以及国家能源局发布的 2012 年、2021 年光伏、风力发电新增装机容量数据，将项目和装机容量空间分布格局进行可视化处理。

结果如图 3-15 所示，光伏发电场项目形成两大片区，一为内蒙古地区、西北地区集中分布区，二为华北、华东集中分布区。从城市角度来说，海西蒙古族藏族自治州、嘉兴市、酒泉市、宁波市、中卫市、随州市的光伏发电场项目数量在90个以上，内蒙古和西北地区绝大多数城市光伏发电场项目数量在50个以上。相比之下，风力发电场项目的布局覆盖面相对较低，高值区主要位于内蒙古、西北、东北三大地区，东部沿海地区形成风力发电场项目建设带状分布区。从城市角度看，张家口市的风力发电场项目数量在200个以上，吴忠市、乌兰察布市、白城市、酒泉市、锡林郭勒盟、烟台市的风力发电场项目数量均在100个以上。

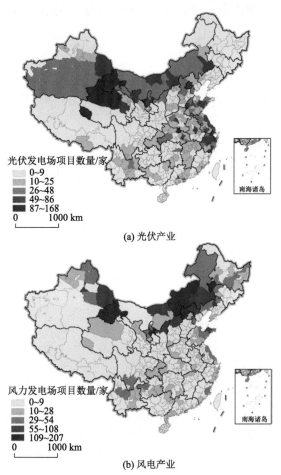

图 3-15 中国光伏、风力发电场项目空间分布

就新增装机容量空间布局来看（图3-16、图3-17），2012～2021年，光伏产业新增装机量由1292万kW增长至5488万kW。其中，集中式和分布式光伏发电分别从1212万kW、80万kW增长至2560.1万kW、2927.9万kW，由此可见，

分布式光伏发电产业发展速度迅猛,远远超过集中式发电项目装机容量。具体来看,2012 年,光伏集中式新增装机容量最多的地区主要包括甘肃省、新疆维吾尔自治区和青海省,三省(自治区)之和超过全国集中式光伏发电装机总量的 60%;而分布式光伏发电企业则分布在电力负荷较集中的中、东部地区,其中,浙江省、广东省和河北省分布式光伏装机容量之和就占到全国光伏总装机容量的 40% 以上。到 2021 年,华北、华东和华中地区分别占新增装机总容量的 39%、19% 和 15%,湖北省、河北省、陕西省、山东省成为光伏集中式新增装机最多的省份,而山东省、河北省、河南省、安徽省为光伏分布式新增装机最多的省份。

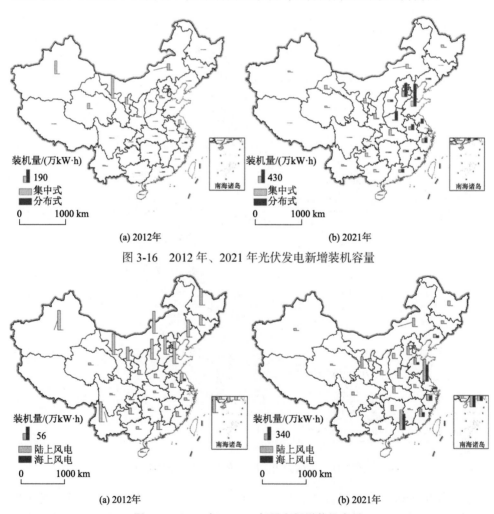

图 3-16　2012 年、2021 年光伏发电新增装机容量

图 3-17　2012 年、2021 年风电新增装机容量

相对于光伏新增装机容量,陆上风电新增装机容量相对较低,2012～2021年,其新增装机容量由 1296 万 kW 增长至 4757 万 kW。而海上风电新增装机容量却呈现出集聚增长的态势,由 2012 年的 12.7 万 kW 增长至 2021 年 2639 万 kW。具体来看,2012 年,内蒙古自治区、甘肃省、山东省为陆上风电装机容量最多的地区;海上风电仅布局在江苏省、山东省、福建省三省且容量极低。2021 年,从陆上风电新增装机分布格局看,中东部和南方地区占比约为 61%,"三北"地区占比约为 39%,风电开发格局进一步优化;沿海地区省份均布局海上风电装机项目,江苏省、广东省海上风电装机容量遥遥领先。

基于以上对于光伏、风电产业链供电发电环节企业、发电场站及新增装机容量的两方面空间集聚性分析,可以发现:①光伏、风电产业链供电发电环节企业与场站的空间分布格局并不完全一致。近年来,西北地区、内蒙古地区和东北地区依托于丰富的光照、风力资源,大举进行风光大基地建设,其发电场项目数量和发电规模远超其他地区,是我国的可再生能源电力发展的核心区,但布局的相关企业数量相对较少;而东部和中部地区布局有大量供电发电类企业,但发电场项目数量较少且规模小。在竞争市场的发展和技术突破的带动下,无论是光伏还是风电均呈现出了产业重心向东部和中部地区转移的趋势。②光伏、风电产业"集散并举、海陆齐进"的发展趋势逐渐明确。值得注意的是,可再生能源供电发电企业在空间上远离电力负荷大的东部沿海地区,其核心集聚区基本位于我国西部光照和风力的一类资源区,这对远距离电力输送提出较大挑战。此外,随着可再生能源产业技术水平的提升和国家节能减排的需求,东部和中部地区的光照和风力资源逐渐得到有效利用,光伏产业分布式发电占比大大提高,沿海省份海上风力发电也呈现突破式增长。③光伏产业供电发电环节市场化趋势更明显。近年来,光伏产业分布式发电以其电力就近消纳、设备安装便捷等特点逐渐成为东部和中部地区发电的优选,而起步更早的分散式风力发电却远远落后。主要原因在于两者土地利用政策、地方政府核准手续及电网接入配套政策等方面不同,分布式光伏发电可以安装在工商业屋顶等场所,占用土地少,且技术难度小,运维成本低;而分散式风电与周围生态环境关联大,政府审批难度大,且运维成本高,需要专业技术。因此,对于用户侧来说,光伏并网流程简单,市场化趋势将不断加快。

第四节　本　章　小　结

本章依据国际能源管理部门和学者的相关研究,以当前发展条件较完善、市场潜能不断增强的光伏、风电产业为例构建了完整的可再生能源产业链,并将其划分为技术服务、设备制造、供电发电三大环节。同时，基于基尼系数、核密度分析等方法，从时序阶段性特征、空间分异特征和空间集聚特征三个视角揭示中国可再生能源产业时空演化格局。所得研究结论主要如下。

从时序阶段性特征来看，新能源产业发展受我国相关政策驱动明显，产业规模变化与重要政策实施节点基本一致，呈现出由"政策+资本+技术"驱动向"资本+技术"驱动转变的趋势。具体来讲，我国光伏、风电产业整体呈现遵循了以下发展思路：首先向国外学习，培育扶持相关产业发展；然后，积极开展自主化市场探索，通过政策支持产业大规模扩张；最后，逐步实施政策补贴退出机制，确保可再生能源产业进入自主市场化发展阶段，新能源电力迈入平价上网时代。

从空间分异特征来看，新能源产业在全国层面的整体发展并不均衡，在国家政策扶持和技术创新降本增效的双重作用下，光伏、风电产业链的技术服务、设备制造、供电发电三大环节基尼系数均呈下降趋势，但技术门槛的存在使得集聚水平仍然较高。其中，设备制造业壁垒的存在使得此环节空间分异不均衡状态并未明显改变，行业集中度居高不下。

从空间集聚特征来看，技术服务环节的空间分布格局呈现由"三核"向"面状"扩散、沿海向内陆扩散的特征，此环节的发展特点与创新型企业一致，东部沿海三大城市群的核心城市和中西部省会城市分别在全国、区域层面发挥引领作用。设备制造业整体集聚于我国经济发展水平高、能源工业基础雄厚且科技能力强的长三角、环渤海和珠三角三大地区。同时，在光伏、风电产业发展过程中，设备制造环节行业集中度持续提高，形成了差异化的地方产业集群。供电发电环节空间集聚格局变化十分明显，发展重点逐渐由风光资源丰富的"三北"地区向中东部和南方地区转移，空间分布格局更优化，未来东部和中部地区的新能源产业将通过技术进步将资源有效利用和产业规模化发展结合起来，逐步缓解消纳难问题，同时有效对接区域协调和乡村振兴问题。

|第四章| 中国可再生能源产业链网络空间结构

第一节 研 究 方 法

社会网络分析法是将网络中各种关系进行精确量化，从而研究其网络特征及其属性的系统性方法，主要包含整体网络和个体网络两大领域。本章应用 Ucinet、Gephi 和 Pajek 等复杂网络分析软件，开展了可再生能源产业链网络拓扑结构可视化表达与结构性表达。其中，整体网络分析主要关注的是网络规模、网络密度、网络直径、网络中心势、聚类系数、平均路径长度、度中心性、加权度中心性等指标。个体网络则主要关注的是网络中单个节点与网络中其他节点之间直接相关的可能性，并用度中心性等指标来衡量相关链接的强度。

一、网络密度

网络密度（network density）反映了网络中城市节点之间联系的紧密程度，密度值越大表示节点之间关系越密切、网络一体化程度越高，说明可再生能源产业链网络中企业间联系越密切。其计算公式为

$$D = \sum_{i=1}^{n} \sum_{j=1}^{n} \frac{m_{ij}}{n(n-1)} (i \neq j) \tag{4-1}$$

式中，D 为网络密度；n 为网络中的节点数目；m_{ij} 为以城市 i 为起点指向城市 j 的联系数。

二、平均路径长度

节点之间的最短距离（distance）是指链接两个节点的边数最少的路径，而平均路径长度则指网络所有链接通路中，任意两个节点之间距离的平均值。这一指标反映了网络的整体通达性。其计算公式为

$$L = \frac{1}{n(n-1)} \sum_{i \neq j} d_{ij} \qquad (4\text{-}2)$$

式中，L 为平均路径长度；n 为网络中的节点数目；d_{ij} 为城市 i 到城市 j 的最短路径中所经过的边的数量。

三、中心性

度数中心性（degree centrality）是用以刻画节点中心性的最直接度量指标，节点的度数中心性值越大代表该节点在网络中的位置越重要。在有向网络中，通常定义两个独立的度中心性的度量为出度（out-degree）和入度（in-degree）。出度是某节点指向其他节点的关系数，入度是指向该节点的关系数。节点 i 的出度、入度、度数中心度公式如下。

$$C_i^{\text{out}} = \sum{}_j R_{ij} \qquad (4\text{-}3)$$

$$C_i^{\text{in}} = \sum{}_j R_{ji} \qquad (4\text{-}4)$$

$$DC_i = C_i^{\text{out}} + C_i^{\text{in}} \qquad (4\text{-}5)$$

式中，C_i^{out}、C_i^{in} 为点 i 的出度、入度中心性，其值越高，分别说明该节点在关联网络中的辐射组织作用越大、资源整合能力越强。DC_i 则表示节点 i 在关联网络中的度中心性。R_{ij} 为城市 i 与城市 j 的联系强度（带有向量性的企业联系流），且 $R_{ij} \neq R_{ji}$。

四、有向转变中心性与有向转变控制力

在已有研究中，学者们通常采用度中心性来测度城市的中心性和控制力。在此基础上，Neal（2011，2013）基于递归思想提出递归中心性（recursive centrality，RC）和递归控制力（recursive power，RP）研究方法，后将其更名为转变中心性（alter-based centrality，AC）与转变控制力（alter-based power，AP）。转变中心性用以测度城市 i 在网络中对于资源要素的集聚和扩散能力，而转变控制力用以表征城市 i 在网络中对资源的控制能力。具体测算公式如下：

$$AC_i = \sum{}_j T_{ij} DC_j \qquad (4\text{-}6)$$

$$AP_i = \sum{}_j \frac{T_{ij}}{DC_j} \qquad (4\text{-}7)$$

式中，T_{ij} 为城市 i 和城市 j 之间的网络联系强度；DC_j 为城市 j 的度中心性。

式（4-6）和式（4-7）是基于无向加权网络法所提出的，其缺点在于这一方法弱化了城市间要素流的权重属性，即忽视了城市参与资源集聚与扩散的活跃度。针对这一问题，已有研究拓展了转变中心性和转变控制力的测度方式。例如，聂春祺（2018）采用城市间有向联系的总和用以表示城市间联系强度，并应用加权度中心性、加权入度替换中心性、入度。孙志晶（2020）则使用对外投资企业数量和投资额两类数据反映城市间实际发生的联系，城市间的节点权力值也因联系强度的差异而不同，较好地保留了有向加权网络的优势特征。学者赵梓瑜等（2017）以春运期间城市流动人口净迁出和净迁入的关联边数对应有向加权网络中的出度和入度，采用净联系强度表示城市间联系的不对称性。参考学者们的研究，本章应用有向转变中心性（directed alternative centrality，DAC）和有向转变控制力（directed alternative power，DAP）来测度城市间可再生能源企业联系网络特征。测度公式如下：

$$\mathrm{DAC}_i = \sum_j R_{ij} C_j^{\mathrm{out}} + R_{ij} C_j^{\mathrm{in}} \tag{4-8}$$

$$\mathrm{DAP}_i = \sum_j \frac{R_{ij}}{C_j^{\mathrm{in}}} \tag{4-9}$$

式中，有向转变中心性指标（DAC_i）用以测度城市在资源集散过程中方向的差异性；有向转变控制力（DAP_i）则用以测度城市 i 对流向城市 j 的资源控制能力。

第二节　可再生能源产业链拓扑网络

本节运用 Pajek、Gephi 等社会网络分析软件分别对光伏、风电产业链的上-中游、中-下游网络的整体结构特征进行测算以分析网络的拓扑结构属性。

一、网络"核心-边缘"结构和多中心特征并存

如图 4-1、图 4-2 所示，两类可再生能源产业链网络均呈现出显著的"核心-边缘"结构特征，即城市间的联系有向某个节点或团体集中的演变趋势。值得注意的是，网络中的核心城市并非唯一的，而是有多个地位相当的联合中心同时存在。具体来讲：

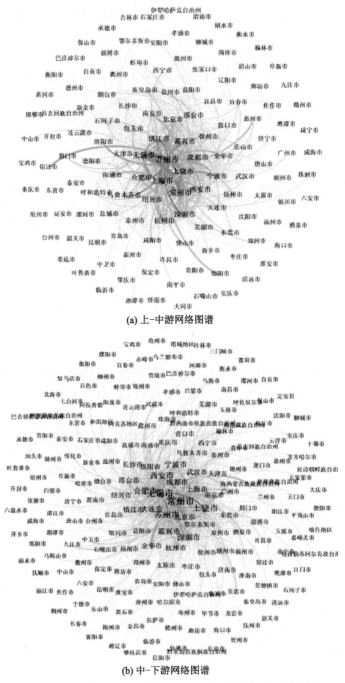

(a) 上-中游网络图谱

(b) 中-下游网络图谱

图 4-1　光伏产业链上-中游（a）、中-下游（b）网络图谱

(a) 上-中游网络图谱

(b) 中-下游网络图谱

图 4-2　风电产业链上-中游、中-下游网络图谱

（1）网络中核心城市主要集中于长三角城市群、环渤海城市群和珠三角城市群，三大城市群制造业集群化优势明显，能源工业基础实力强，在可再生能源产业链网络中整体呈现出企业规模体量大、带动能力强和创新水平高等特点。

（2）次核心城市主要为东部沿海三大城市群的部分城市和中西部光伏产业集群优势较突出的城市。这一类城市具备一定的科技创新能力和辐射联动能力，与核心城市保持着密切的信息交流和贸易往来。此层级城市往往具备较雄厚的工业基础与先进制造业优势，在可再生能源产业链扩散延伸和科技创新中能够抓住机遇，从而发展成为可再生能源科技创新与服务、设备制造生产基地。

（3）边缘城市数量较多，此层级网络链接松散，城市大多仅作为中游核心设备制造企业的供应商企业或需求客户企业驻地，彼此之间缺乏紧密的联系，只与核心城市、次核心城市之间的保持单向联系。

二、网络密度低且整体通达性不高

网络密度是衡量网络整体联系紧密程度的重要变量之一，密度值越高网络一体化程度越强。具体来看，光伏产业链的上-中游网络节点、联系数量分别为133、621，网络密度为0.106；中-下游网络节点、联系数量分别为209、828，网络密度为0.045。风电产业链的上-中游网络节点、联系数量分别为141、717，网络密度为0.087；中-下游网络节点、联系数量分别为287、1772，网络密度为0.039。整体来看，光伏、风电产业链网络发育不成熟，网络密度较低，城市节点间联系较弱，要素流动性不强。

网络平均路径长度可以直观反映网络整体通达程度的高低，其长度越长说明网络整体通达性越低，信息传输效率越低，在面对外部改变时的响应速度也越滞后。具体来讲，光伏产业链的上-中游、中-下游网络平均路径长度分别为2.713、2.686，风电产业链的上-中游、中-下游网络平均路径长度分别为2.374、2.245，说明光伏、风电产业链网络平均路径长度均较长，信息传递需经过两个以上的城市节点才能完成。此外，表4-1、表4-2数据显示，在全部链接路径中，不需要中介即可直接产生联系的城市数量较少，大多数城市之间的联系需要中转1～2个节点才能实现，即所有网络中路径长度为2和3的占比最高，网络整体通达程度较低。究其原因在于，光伏、风电设备制造具有一定的技术门槛，尽管部分城市可通过提供非核心零部件产品进入网络，但需要通过多个城市才能与核心城市取得联系，从而在一定程度上削弱了网络的通达性。

表 4-1　基于光伏产业链城市网络的平均路径长度统计

路径长度	上-中游网络			中-下游网络		
	路径数量	占比/%	累计占比/%	路径数量	占比/%	累计占比/%
1	621	8.4	8.4	868	10.6	10.6
2	2606	35.2	43.6	3974	48.4	59
3	2786	37.7	81.3	2836	34.5	93.5
4	1086	14.7	96	537	6.5	100
5	294	4	100	—	—	—

表 4-2　基于风电产业链城市网络的平均路径长度统计

路径长度	上-中游网络			中-下游网络		
	路径数量	占比/%	累计占比/%	路径数量	占比/%	累计占比/%
1	716	8.3	8.3	1772	11.7	11.7
2	3313	38.5	46.8	8397	55.4	67.1
3	3509	40.7	87.5	4501	29.7	96.8
4	958	11.1	98.6	489	3.2	100
5	117	1.4	100	—	—	—

第三节　可再生能源产业链层级联系格局

为直观刻画光伏、风电产业链的空间组织骨架，本节将光伏、风电产业链的上-中游和中-下游城市网络中城市节点之间联系强度大于或等于 1 的企业流按照自然断裂法划分为三个层级，并运用 ArcGIS 进行可视化。其中，城市间连线的粗细程度代表城市间联系强度的大小；在上-中游网络中，箭头方向表示由供应商企业指向产业链中游核心设备制造企业，而在中-下游网络中，箭头方向表示由中游核心设备制造企业指向其需求客户企业。

一、光伏产业链网络层级联系格局

（一）光伏产业链上-中游网络层级联系格局

如图 4-3 所示，第一层级联系共有 19 对，具体包括无锡市-常州市、上海市-苏州市、无锡市-苏州市、杭州市-苏州市、上海市-宁波市、苏州市-镇江市、北京市-无锡市、上海市-上饶市、苏州市-嘉兴市、镇江市-常州市等城市对，所涉及的城市均位于东部沿海三大城市群，其中 15 对位于长三角地区。长三角地区制造业基础雄厚，工业门类齐全，光伏产业链完善、成熟，分布一批全国性龙头企业。同时，受空间地理邻近性影响，地区城市间联系密切。

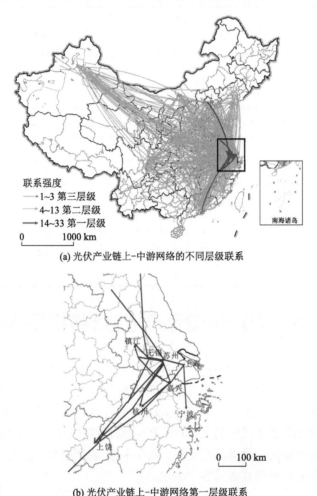

(a) 光伏产业链上-中游网络的不同层级联系

(b) 光伏产业链上-中游网络第一层级联系

图 4-3　光伏产业链上-中游网络的不同层级联系

第二层级联系共有 131 对，占比为 21.1%，具体包括北京市-合肥市、南京市-常州市、南通市-金华市、秦皇岛市-邢台市、绍兴市-宁波市等城市对。此层级城市联系形成了以京津冀-长三角-珠三角-川渝城市群以及西安市、乌鲁木齐市为核心的"菱形"网络骨架，邢台市、包头市等城市为次级核心点。

第三层级中企业联系共有 471 对，占比为 75.7%，联系强度仅为 1 的城市占比为 64.12%，供应商企业主要经营范围为光伏产业非核心原材料、零部件制造，绝大多数为低强度联系。

整体来看，第一、第二层级联系主要发生在技术研发、推广企业与核心设备制造业之间以及不同类别的核心设备制造企业之间。也就是说，网络中企业联系既存在上-中游企业之间的信息传递，如科技推广类企业北京远方动力可再生能源科技公司是逆变器企业阳光电源的供应商企业；也包括制造类企业之间的水平互动，如杭州福斯特应用材料股份有限公司为太阳能电池胶膜市场的龙头企业，是晶科能源股份有限公司、天合光能股份有限公司、苏州赛伍应用技术股份有限公司等核心设备制造企业的供应商企业。

如图 4-4 所示，光伏产业链上-中游网络加权出度值高值区主要包括无锡市、苏州市、上海市、北京市、深圳市、杭州市、镇江市、嘉兴市、常州市、南京市、绍兴市、南通市等城市，集中分布在东部沿海三大城市群地区。这些城市科研和技术创新水平相对较高，在光伏产业科技研发、技术推广等方面具有相对优势，对其他城市具有显著的组织引领作用。加权入度值高的城市主要包括苏州市、上饶市、常州市、合肥市等城市，集中分布在长三角地区，此类城市经济发展水平和科技创新水平较高，自身设备制造能力突出，为此成为各类生产要素汇集区。整体来看，参与光伏产业链上-中游网络的城市主要位于东部沿海地区，原因在于光伏产业作为战略性新兴产业，其研发与核心设备制造均存在一定技术门槛，因此部分科技发展水平低、工业基础实力薄弱的城市未参与到网络联系中。

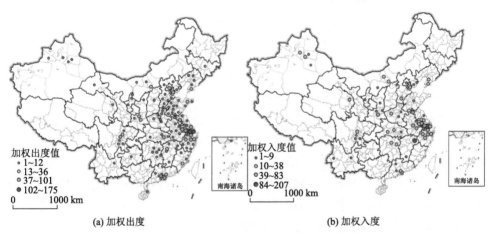

(a) 加权出度　　　　　　　　　　　　　(b) 加权入度

图 4-4　光伏产业链上-中游网络的加权出度、加权入度空间分布图

（二）光伏产业链中-下游网络层级联系格局

光伏产业链中-下游网络层级结构如图 4-5 所示。其中，第一层级联系共有 17

对，其中 10 对为长三角城市群内部之间的联系，具体包括：无锡市-北京市、苏州市-上海市、上饶市-广州市、金华市-常州市、苏州市-常州市等城市对。此层级所涉及的城市数量较少，联系内容主要包括三种类型：第一类为光伏产业链中游制造企业与国有大型发电集团之间的联系，如国家较大光伏产业设备制造企业驻地苏州市、无锡市、宁波市、西安市均与北京市联系密切，主要原因在于北京市资本雄厚，高端研发资源丰富，布局有多家大型可再生能源投资企业，是国有大型发电场的主要投资企业。第二类为光伏产业链中游制造企业与电网集团企业之间的联系往来，如上饶市光伏龙头企业晶科能源股份有限公司与广州市南方电网综合能源股份有限公司之间保持着固定联系。第三类为光伏设备制造企业之间的贸易往来，如嘉兴市合盛硅业股份有限公司、福莱特玻璃集团股份有限公司与杭州市浙江正泰太阳能科技有限公司之间保持紧密的商贸联系。

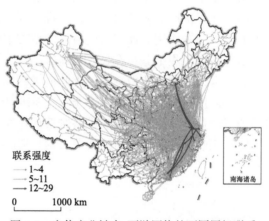

图 4-5 光伏产业链中-下游网络的不同层级联系

第二层级联系共有 114 对，占比为 13.12%，具体包括镇江市-重庆市、无锡市-上饶市、无锡市-西安市、常州市-南通市、合肥市-酒泉市等城市对，形成了以长三角-京津冀-珠三角-西安为核心顶点的网络骨架。城市间联系主要以光伏设备、组件运输为主，流动目的地集中于两类地区：一类是制造业发达的地区，如无锡市、苏州市、西安市，以便开展太阳能光伏电站设备制造、光伏组件制造等活动。另一类是供电发电企业的集聚地，如乌鲁木齐市、呼和浩特市、海西蒙古族藏族自治州等，进行组装、安置后开始发电生产。

第三层级联系共有 737 对，占比为 84.81%。此层级中企业流更密集，但联系强度较低。城市联系目的地向内蒙古地区、西北地区及东北扩展，客户企业主要经营范围为供电发电。

如图 4-6 所示，光伏中-下游网络中城市节点在全国绝大多数城市均有分布。从网络加权出度来看，加权出度高值城市主要包括无锡市、常州市、苏州市、上饶市、合肥市、嘉兴市、西安市、深圳市、镇江市，这些城市均是光伏发电设备与组件生产地，在中-下游网络中占据组织引领地位。从网络加权入度来看，入度值高的城市主要包括设备制造业的集聚核心城市和供电发电企业的集聚地。如北京市、常州市、广州市、苏州市、西安市、上饶市、南京市、上海市、无锡市、宁波市等具有明显的高等级指向性的城市，此类城市多为全国大型光伏发电企业总部或注册地，为此，在下游网络中发挥着重要的资金、设备配置中枢的作用。入度值较小的城市分布范围较广，这主要得益于光伏设备与设施建造成本的不断降低，促使越来越多的城市与设备制造企业所集中的城市之间不断建立商业联系。

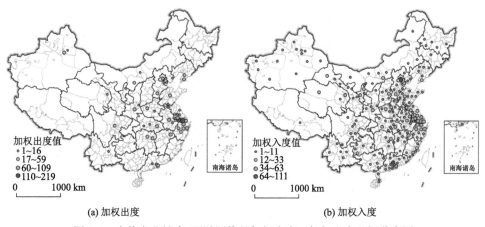

(a) 加权出度   (b) 加权入度

图 4-6　光伏产业链中-下游网络的加权出度、加权入度空间分布图

二、风电产业链网络层级联系格局

（一）风电产业链上-中游网络层级联系格局

风电产业链上-中游网络层级结构如图 4-7 所示。第一层级仅包含 8 对城市联系对，分别是上海市-北京市、上海市-中山市、北京市-成都市、杭州市-北京市、北京市-上海市、北京市-乌鲁木齐市、广州市-中山市、嘉兴市-中山市，形成了环渤海-长三角-珠三角-成渝以及乌鲁木齐市为核心顶点的网络骨架。其中，北京市与上海市的相互联系均位于第一层级，说明在风电产业链上-中游网络中两个城市综合实力最强。一方面，两个城市具备国内最强的科研创新辐射能力，在风电产业科技推广和应用中占据示范引领地位。另一方面，两个城市也是风电高端装备制

造与组装企业总部所在地，在全国风电产业链中占据绝对核心支配地位。此外，嘉兴市因布局有较多风电设备所需的纤维复合制造企业，并与中山市明阳智慧能源集团股份公司等多家风电设备企业有较多关联，从而也跻身第一层级。

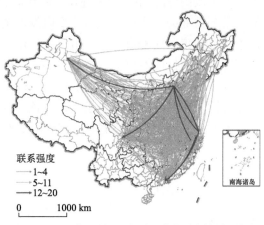

联系强度
→ 1~4
→ 5~11
→ 12~20

0   1000 km

图 4-7   风电产业链上-中游网络的不同层级联系

　　第二层级城市联系对有 80 个，占比为 11.2%，主要包括：天津市-德阳市、苏州市-常州市、无锡市-杭州市、济南市-青岛市、银川市-无锡市等。其中，供应商企业集中分布在北京市、上海市、苏州市、杭州市等国家或区域核心城市，以便为风电产业核心设备制造业提供科技服务以及技术研发。此外，天津市、保定市、大连市、青岛市、张家口市等城市能源工业基础实力较强，近年来成为风电产业发展的主要阵地之一，为国内核心设备制造企业提供核心轴承、变压器等零部件服务。

　　属于第三层级的城市联系对共有 890 个，占比为 87.6%。在此层级中，供应商企业分散于广大城市之中，使得越来越多的城市参与风电产业设备生产与制造之中。但整体来看，西部城市占比仍较低，且城市间联系多为风电产业非核心或通用零部件的生产与供应。

　　风电产业上-下游网络整体加权出度和加权入度分布格局如图 4-8 所示。从网络加权出度来看，加权出度值高的城市主要包括北京市、上海市、苏州市、嘉兴市、杭州市、无锡市、常州市、南京市、银川市、广州市等，在整个网络中处于技术服务输出、组织引领的地位。从网络加权入度来看，加权入度高值区位于风电设备制造业的集聚地区，主要包括北京市、中山市、德阳市、乌鲁木齐市、上海市、株洲市、杭州市等城市，表明风电产业设备制造业分布具有集研发、制造于一体的区位选择特征，设备生产极大依赖城市的工业基础和技术创新能力。此外，东北地区的哈尔滨市、沈阳市、佳木斯市等城市在风力发电机组等设备生产上形成了集群优势，从而也参与到风电产业上-中游网络之中。

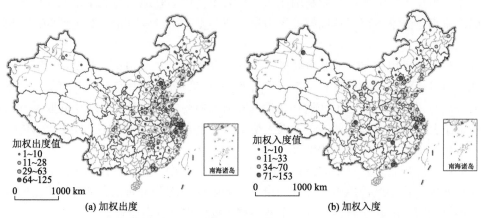

图 4-8 风电产业链上-下游网络的加权出度、加权入度空间分布图

（二）风电产业链中-下游网络层级联系格局

风电产业链中-下游网络层级结构如图 4-9 所示。第一层级共包含 12 个城市联系对，具体为中山市-北京市、上海市-北京市、乌鲁木齐市-北京市、杭州市-北京市、上海市-中山市、无锡市-北京市、北京市-酒泉市、重庆市-北京市、北京市-乌鲁木齐市、乌鲁木齐市-酒泉市、深圳市-北京市、乌鲁木齐市-张家口市。此层级联系中北京市为核心城市，主要原因是北京市布局有多家风电整机装备制造龙头企业的总部，如国电联合动力技术有限公司、三一重能股份有限公司等，

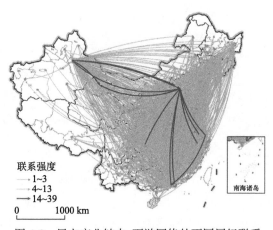

图 4-9 风电产业链中-下游网络的不同层级联系

同时占据"五大四小"大型发电投资集团总部的 6 个席位，掌握"风光"大基地建设的主导权，与国内龙头设备制造企业联系密切，从而居于领导核心地位。乌鲁木齐市作为风电龙头企业新疆金风科技有限公司的驻地，与北京市联系紧密，而酒泉市、张家口市以其优越的风力资源成为多家供电发电企业驻地而同位于第一层级。

第二层级包含 138 个城市联系对，占比为 7.8%，主要包括：北京市-沈阳市、北京市-通辽市、湘潭市-北京市、乌鲁木齐市-哈密市、中山市-广州市等，并形成环渤海-长三角-珠三角-成渝-乌鲁木齐市为核心的网络骨架。城市间联系的目的地主要为风电设备零部件企业或大型供电发电企业所在地，如沈阳市、天津市、西安市、承德市、呼和浩特市等。

第三层级联系共有 1622 对，占比为 97.5%。其中，联系量仅为 1 的企业流占比约 67%，说明当前风电产业链在全国层面上还未均衡布局，大部分城市之间联系不够紧密。就联系内容来说，企业类型主要为供电发电企业。

此外，如图 4-10 所示，风电产业链中-下游网络参与的城市节点数量较多，网络规模远高于上-中游，但绝大多数城市节点仅在网络中作为接收方，说明网络极核特征明显。从网络加权出度来看，出度值高的城市包括乌鲁木齐市、北京市、中山市、上海市、无锡市、杭州市、成都市、青岛市、深圳市、湘潭市。从网络加权入度来看，入度值高的城市包括北京市、张家口市、沈阳市、酒泉市、呼和浩特市、天津市、通辽市、哈密市等。与光伏产业链中-下游网络略有不同，入度高值城市高等级指向性不明显，且主要为风电产业供电发电类企业的集聚地。

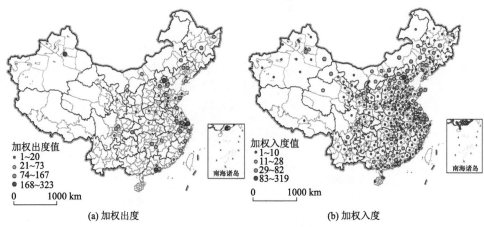

图 4-10　风电产业链中-下游网络的加权出度、加权入度空间分布图

第四节　可再生能源产业链网络权力格局

中心性是量化网络中节点重要性的指标，能够反映城市在网络中掌控企业流的能力和作用，通过中心性分析有助于全面、客观地理解城市网络等级格局。通过第四章第一节分析可知，城市对于资源的集散能力与城市在网络中的控制力并不完全一致，因此，本节在中心性分析的基础上测算有向转变中心性与有向转变控制力值。借助 Gephi 和 ArcGIS 软件对光伏、风电产业链的上-中游、中-下游城市网络的节点位置特征进行测量及可视化。

一、度数中心性空间格局

度数中心性用于衡量基于光伏、风电产业链的某城市同其他城市进行企业交流的能力，在进行度数中心性的测量计算时，应关注与某城市节点的直接联系数量。一般来讲，节点城市所链接的其他城市数量越多，在网络中的支配能力也就越强，等级性越高。

（一）光伏产业链上-中游、中-下游中心性空间格局

光伏产业链上-中游、中-下游城市网络度数中心性空间分布格局如图 4-11 所示，其中，前 15 名城市度数中心性值如表 4-3 所示。整体来看，光伏产业链上-中游和中-下游的城市网络度数中心性空间差异显著。两个网络中小部分城市处于

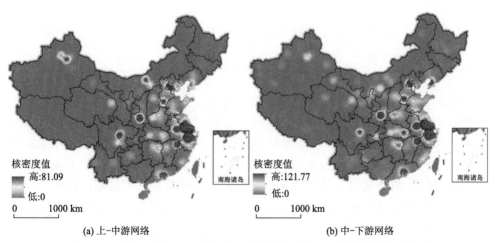

图 4-11　光伏产业链上-中游、中-下游网络度数中心性的空间分布格局

度数中心性高值区，在网络中处于核心地位，具有较强支配能力；绝大多数城市处于度数中心性低值区域，在网络中处于边缘位置。其中，在上-中游网络，133个城市中高于度数中心性平均值的城市数量为40，占比约为30.1%；在中-下游网络中，高于度数中心性平均值的城市数量为48，占比约为23.0%。

表 4-3 光伏产业链上-中游、中-下游网络度数中心性的前 15 名城市

排序	上-中游	度中心性	排序	中-下游	度中心性
1	苏州市	66	1	常州市	94
2	上海市	50	2	无锡市	87
3	无锡市	49	3	上饶市	74
4	常州市	49	4	苏州市	67
5	西安市	43	5	西安市	65
6	上饶市	43	6	合肥市	62
7	深圳市	38	7	深圳市	52
8	镇江市	36	8	嘉兴市	50
9	嘉兴市	36	9	宁波市	46
10	成都市	33	10	邢台市	41
11	宁波市	29	11	北京市	40
12	合肥市	29	12	大连市	38
13	杭州市	28	13	上海市	38
14	北京市	27	14	镇江市	36
15	邢台市	26	15	成都市	35

从区域层面上看，度数中心性高值区在东部地区呈片状分布，长三角城市群内核心城市区域集聚性显著，在光伏产业链城市网络中处于绝对领导核心地位。具体来看，上-中游、中-下游环节度数中心性排名前15位的城市中来自长三角城市群的城市分别为第9位和第8位；而中西部地区仅有少部分城市处于度数中心性高值分布区，且在空间上呈现点状分布格局。究其原因在于：一方面，在光伏产业链上-中游网络中，长三角地区产业发展资本、科技创新实力与制造业基础雄厚，从而吸引光伏产业原材料、技术研发、技术推广等供应商在此汇聚，逐步形成规模与集聚效应，产业规模不断扩大、产业链条不断拓展，

从而在光伏产业链中游网络中居于控制地位；另一方面，在中-下游网络中，长三角地区凭借其强大的经济基础和制造能力为其他城市的光伏产品制造企业或光伏发电企业提供资金、设备等方面的支持，从而在网络中也呈现出较强的主控性。

从城市层面上看，两个产业网络度数中心性值最高的15个城市重合度较高，但城市排名有所差别。具体来看，苏州市、无锡市、常州市在两个网络中排名均居于前4位，在网络中处于核心支配地位；上海市、上饶市、西安市、深圳市、镇江市、嘉兴市、成都市、宁波市、合肥市、邢台市均为网络重要节点。由此可知，光伏产业链上-中游、中-下游网络中的核心城市大多为国内多个光伏产业链中游大型制造企业的驻地。例如，苏州市的固德威技术股份有限公司为全球逆变器十强品牌，苏州中来光伏新材股份有限公司现已发展成为光伏背板、光伏电池及组件等全国性业务板块。常州市的天合光能股份有限公司是全球最大的光伏组件供应商之一，江苏斯威克新材料股份有限公司等材料企业也在全球市场中占据较大份额。无锡市是我国光伏产业发展的新高地，分布有光伏硅料、电池、组件等多种类型企业，其中，无锡上机数控股份有限公司逐步成长为以光伏晶硅为主的高硬脆材料专用加工设备龙头企业，上能电气股份有限公司也发展成为大型光伏逆变器制造企业。此外，在光伏产业链硅料、硅片、电池片、组件生产领域均占有重要地位的"双寡头"企业——通威集团有限公司和隆基绿能科技股份有限公司，其总部分别在成都市、西安市，并且通威集团有限公司形成了四川乐山、内蒙古包头和云南保山三大基地，而隆基绿能科技股份有限公司以西安为中心不断将生产基地扩展至宁夏银川、云南楚雄、丽江、曲靖等地。这一类大型企业虽然自主研发能力和竞争力强，但供应商少，与其他城市间的联系较弱，所以城市网络中心性排名并未处于绝对前列位置。值得注意的是，北京市所布局的光伏产业中游制造企业较少，但有大量的光伏技术研发、科技服务及大型投资企业布局，为其他地区提供了强有力的技术和资金支持等，为此在网络中的排名较靠前。

（二）风电产业链上-中游、中-下游中心性空间格局

风电产业链上-中游、中-下游城市网络度数中心性空间分布格局如图4-12所示，前15名城市度数中心性值如表4-4所示。从整体层面来看，风电产业链度数中心性高值和低值区域空间分布差异性显著。在上-中游网络，141个城市中高于度数中心性平均值的城市数量为37，占比为26.2%；在中-下游网络，287个城市中高于度数中心性平均值的城市数量为59，占比约为20.6%。

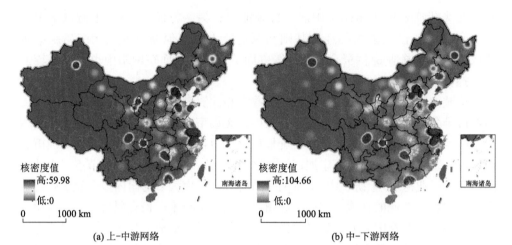

(a) 上-中游网络   (b) 中-下游网络

图 4-12 风电产业链上-中游、中-下游网络度数中心性的空间分布格局

表 4-4 风电产业链上-中游、中-下游网络度数中心性的前 15 名城市

排序	上-中游	度中心性	排序	中-下游	度中心性
1	北京市	79	1	北京市	161
2	上海市	58	2	中山市	135
3	德阳市	55	3	乌鲁木齐市	134
4	无锡市	45	4	上海市	118
5	青岛市	44	5	杭州市	108
6	重庆市	42	6	成都市	101
7	杭州市	41	7	无锡市	101
8	乌鲁木齐市	40	8	青岛市	84
9	常州市	36	9	哈尔滨市	81
10	中山市	36	10	湘潭市	79
11	成都市	34	11	德阳市	73
12	大连市	33	12	重庆市	73
13	湘潭市	33	13	深圳市	70
14	株洲市	32	14	保定市	67
15	银川市	32	15	天津市	66

从区域层面上看，东部沿海地区高值区显著集中在环渤海、长三角和珠三角三大城市群，三大城市群也是风电产业链中游制造业核心企业的集中地区。与光伏产业链中游制造业企业相似，风电中游制造企业所在城市也具备资源的集聚与扩散两方面功能，同时是供应商企业的集聚地与中小型风电设备制造企业和风力发电企业的技术来源地。而中西部地区高值区往往呈现出单核空间结构，仅有部分城市为高值区且孤立存在，未形成集聚区。

从城市层面上看，两个产业网络度数中心性值最高的 15 个城市中有 12 个城市重合。其中，北京市在风电产业链上-中游网络和中-下游网络中均处于绝对核心位置。乌鲁木齐市、上海市、德阳市、无锡市、中山市、青岛市、重庆市、杭州市、成都市、湘潭市、株洲市等城市为次核心节点城市。这些城市大多为全球风电整装设备制造权威企业驻地，如新疆金风科技股份有限公司（乌鲁木齐市）、三一重能股份有限公司（北京市）、国电联合动力技术有限公司（北京市）、上海电气风电集团股份有限公司（上海市）、东方电气风电股份有限公司（德阳市）、远景能源有限公司（无锡市）、明阳智慧能源集团股份公司（中山市）等。此外，湘潭市、青岛市作为哈电风能有限公司、青岛天能重工股份有限公司等风力发电机、发电机组塔架等重要的风电设备制造商的驻地而在城市网络中排名较靠前。在风电产业链网络中，城市所布局的企业类型在很大程度上决定了城市节点在网络中的重要性，如在风电产业链上-中游网络中，常州市、大连市、银川市均进入度数中心性前 15 名，而在风电产业链中-下游网络中三个城市又退出前 15 名，而让位于哈尔滨市、保定市、天津市。这可能是因为在前三位城市大多布局风电原材料和轴承等零部件生产企业，在产业链上-中游与其他城市间的交流更广泛，如常州市的宏发纵横新材料股份有限公司、大连市的瓦房店轴承集团有限责任公司以及大连冶金轴承股份有限公司、银川市的西北轴承有限公司等，但这类零部件生产企业在产业链中-下游参与度较低。

二、有向转变中心性与有向转变控制力空间格局

通过前文度数中心性的分析发现，中心性能在很大程度上解释节点在网络中的重要性，但并未对于节点的重要性是来自对资源的集散能力强还是节点控制力强做出区分，也就是说，节点重要性是取决于所关联的城市节点数量多，联系次数多？还是城市节点所链接的城市数量相对较少，但控制了部分城市进入网络的通道？有向转变中心性（directed alternative centrality，DAC）与有向转变控制力（directed alternative power，DAP）的测度可有效对二者做区分，为我们充分了解城市在网络中的权力属性以及了解"企业-城市-网络"间的互动关系提供了测度

方法与判断依据。例如，学者陈肖飞基于汽车产业供应链体系下的中国城市网络研究中，将网络中的城市进一步划分为以下四种类型，即"高中心性-高控制力"的领导核心城市、"高中心性-低控制力"的中心集约城市、"低中心性-高控制力"的权力门户城市和"低中心性-低控制力"的裙带边缘城市等（陈肖飞等，2020）。由此可见，转变中心性与转变控制力不仅能更加有效地揭示中国城市网络节点的权力属性，也更符合经济现象的地理空间非均衡规律。为有效对光伏、风电产业链上-中游、中-下游网络中的城市权力格局做具体分析，本节通过测算各网络城市节点的有向转变中心性与有向转变控制力值，将可再生能源产业网络中的城市划分为四种类型，进行进一步深入分析。

（一）光伏产业链上-中游网络中心性、控制力权力格局

根据光伏产业链上-中游网络的度数中心性与有向转变中心性、有向转变控制力数值，制作光伏产业链上-中游网络度数中心性（DC）-有向转变中心性（DAC）关系、度数中心性（DC）-有向转变控制力（DAP）关系散点图（图 4-13）。具体来看，度数中心性与有向转变中心性、有向转变控制力均呈正向相关关系，回归系数（R^2）分别为 0.865 和 0.788，说明度数中心性与有向转变中心性、有向转变控制力值分布具有较高的相关性，度数中心性较高的城市往往具备较高的有向转变中心性与有向转变控制力。进一步测算发现，有向转变中心性与有向转变控制力的皮尔逊相关系数为 0.798，说明绝大多数城市表现为"高中心性-高控制力""低中心性-低控制力"的分布特征，即越靠近网络中心，控制力越强。

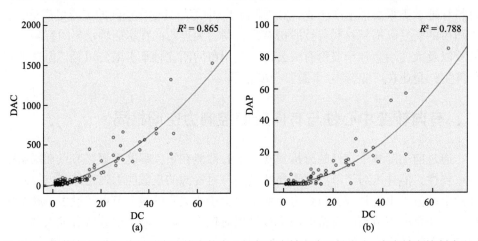

图 4-13　光伏产业链上-中游城市网络度数中心性与有向转变中心性（a）、有向转变控制力（b）的关系散点图

有向转变中心性和有向转变控制力的位序差如图 4-14 所示。其中，苏州市、常州市、无锡市、上饶市、杭州市、嘉兴市、宁波市、西安市、乌鲁木齐市有向转变中心性和有向转变控制力值都很高，位序排名靠前且变化幅度较小，可定义为领导核心城市。这些城市在整个产业网络中链接着较多的城市节点且联系强度较大，能够将整个产业市场的供给需求信息在网络中迅速传递。

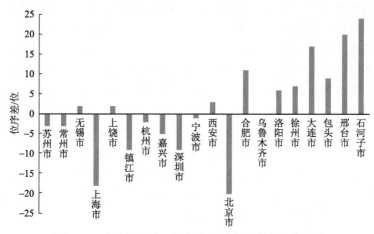

图 4-14　有向转变中心性与有向转变控制力的位序差

此外，上海市、镇江市、深圳市、北京市有向转变中心性和有向转变控制力值高，位序排名靠前，但有向转变中心性的位序高于有向转变控制力且位序相差幅度较大，为此，将其定义为中心集约城市。此类城市在整个网络中链接着较多城市节点，从而保证了光伏设备产品在网络中的集散效率，但缺乏控制其他城市的能力。与上述城市不同，合肥市、洛阳市、徐州市、大连市、包头市、邢台市、石河子市等城市有向转变中心性的位序低于有向转变控制力且位序相差幅度较大，在网络中承担着"守门人"的作用，为此，可将其归为权力门户城市。网络中以绍兴市、金华市、南通市、宿迁市等为代表的其他城市有向转变中心性和有向转变控制力都较低，在光伏产业链上-中游网络中属于被动供应型，归为裙带边缘城市。

网络中的绝大多数城市的中心性和控制力具有一致性，因此，下面对于网络中心性和控制力存在不一致性的部分案例城市加以具体分析。以北京市、邢台市为例，分析中心集约城市与权力门户城市的有向转变中心性与有向转变控制力的匹配关系，从位序上看，DAC $_{北京市}$、DAP $_{北京市}$ 排序分别为第 12 位、第 23 位，DAC $_{邢台市}$、DAP $_{邢台市}$ 排序分别为第 27 位、第 7 位。从链接节点看，北京市链接了 26 个城市节点，邢台市链接了 23 个城市节点，两个城市在网络中链接的城市数量较多，通过所链接的城市节点在网络中获得了资源集散方面的优势，因此有向转变中心性位序均较高。但北京市所链接的城市节点中仅有保山市、淄博市为度值低于平均值的城市，对于所链接的大多数城市控制力较低；而邢台市所链接的城市节点中有半数以上的城市度数中心性值均小于平均值，从而获得了控制或影响这些城市进入网络的特殊权力。从以上网络属性数值来看，北京市的有向转变控制力位序远低于有向转变中心性位序而成为中心集约城市；邢台市的有向转变控制力位序远高于有向转变中心性位序而成为权力门户城市。在社会网络分析中，网络属性数值背后的社会属性分析不可缺少。北京市在新能源产业领域有明显的科研优势，布局大量研发机构和产业联盟，成为多家新能源技术研发和推广企业驻地，但光伏产业核心设备制造企业布局少，本章所选取的光伏产业链中游样本企业仅有北京京运通科技股份有限公司一家布局于北京市。因此，北京市在光伏产业链上-中游网络中主要作为供应商企业驻地，而非核心设备制造企业布局地，从而与其他城市联系密切但控制力弱。尽管邢台市城市规模与经济基础与北京市差距较大，但光伏设备制造业中的龙头企业晶澳太阳能科技股份有限公司总部及部分分公司在邢台布局，业务范围覆盖硅片、光伏电池和组件等，光伏设备专业化程度更高，在网络中的参与度更强，控制力和影响力也就更大。

（二）光伏产业链中-下游网络中心性、控制力权力格局

根据光伏产业链中-下游网络的度数中心性与有向转变中心性、有向转变控制力数值，制作光伏产业链中-下游网络度数中心性（DC）-有向转变中心性（DAC）关系、度数中心性（DC）-有向转变控制力（DAP）关系散点图（图 4-15）。整体来看，度数中心性与有向转变中心性和有向转变控制力均呈正向相关关系，回归系数（R^2）分别为 0.796 和 0.934，说明度数中心性较高的城市往往具备较高的有向转变中心性与有向转变控制力。进一步测算发现，有向转变中心性与有向转变控制力的皮尔逊相关系数为 0.798，说明绝大多数城市表现为"高中心性-高控制力""低中心性-低控制力"的分布特征，即越靠近网络中心，控制力越强。

有向转变中心性和有向转变控制力的位序差如图 4-16 所示。其中，苏州市、无锡市、常州市、嘉兴市、深圳市、宁波市、镇江市、上海市、大连市、绍兴市等城市的有向转变中心性、有向转变控制力值均较高，位序排名靠前且变化幅度小，为此，将其归并为领导核心城市；将北京市、金华市、益阳市、杭州市归为中心集约城市，即占据网络中心的位置却并未获得相应的网络控制权力；将西安市、上饶市、邢台市、合肥市、洛阳市、成都市归为权力门户城市，即与网络权力的位序相比，网络中心性的地位相对较低。网络中的其他城市有向转变中心性和有向转变控制力都较低，在光伏产业链中-下游网络中属于被动供应型，归为裙

带边缘城市。

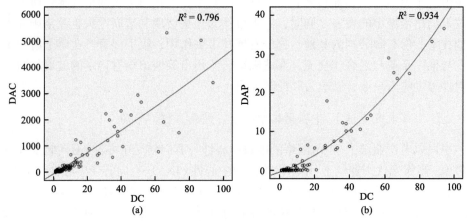

图 4-15　光伏产业链中-下游城市网络度数中心性与有向转变中心性（a）、有向转变控制力（b）
的关系散点图

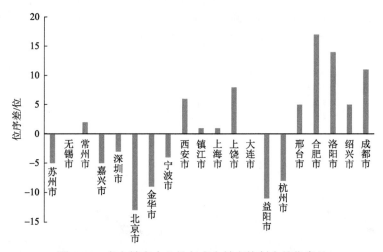

图 4-16　有向转变中心性与有向转变控制力的位序差

　　以杭州市、洛阳市为例分析中心集约城市与权力门户城市的有向转变中心性
与有向转变控制力的匹配关系。从位序上看，DAC 杭州市、DAP 杭州市排序分别为第
16 位、第 24 位，DAC 洛阳市、DAP 洛阳市排序分别为第 21 位、第 7 位。从链接的城
市节点看，杭州市链接了 27 个城市节点，与常州市、苏州市、无锡市、深圳市等
领导核心城市建立了高链接，通过这些高等级城市作为"中介"可与全国大多数
城市建立联系，有效扩大了资源集散的范围，在网络中的中心性大大增强；但其
所链接的低度值城市仅有阳江市、湛江市、石河子市、黄石市、哈尔滨市 5 个城

市，对大多数城市的控制力有限。洛阳市链接了 26 个城市节点，但所链接的低度值城市占比为 42.3%，而且是北海市、三门峡市、沧州市进入网络的唯一通道，有效带动裙带城市的发展。同时，洛阳市作为光伏玻璃制造商龙头企业洛阳北方玻璃技术股份有限公司的驻地，充分发挥其带头作用，吸引多家产业链上游技术研发与推广企业与之合作交流，在咸阳市、苏州市等城市均有稳定的玻璃材料、密封件等供应商企业，影响力和控制力强。

（三）风电产业链上-中游网络中心性、控制力权力格局

根据风电产业链上-中游网络的度数中心性与有向转变中心性、有向转变控制力数值，制作光伏产业链上-中游网络度数中心性（DC）-有向转变中心性（DAC）关系、度数中心性（DC）-有向转变控制力（DAP）关系散点图（图 4-17）。整体来看，度数中心性与有向转变中心性和有向转变控制力均呈正向相关关系，校正系数分别为 0.911 和 0.752，说明度数中心性较高的城市往往具备较高的有向转变中心性与有向转变控制力。同时，有向转变中心性与有向转变控制力皮尔逊相关系数为 0.798，说明绝大多数城市表现为"高中心性-高控制力""低中心性-低控制力"的分布特征，即越靠近网络中心，控制力越强。

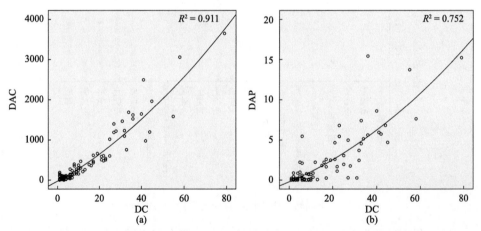

图 4-17　风电产业链上-中游网络度数中心性与有向转变中心性（a）、有向转变控制力（b）的关系散点图

有向转变中心性和有向转变控制力的位序差如图 4-18 所示。其中，北京市、上海市、常州市、德阳市、杭州市、乌鲁木齐市、天津市、保定市、湘潭市的有向转变中心性和有向转变控制力都很高，归为领导核心城市，其中，北京市最为典型，DAC 北京、DAP 北京排序分别为第 1 位、第 2 位。以成都市、嘉兴市、南京

市、苏州市、无锡市、银川市、株洲市为代表的城市有向转变中心性位序高，但有向转变控制力位序低，且位序相差大，可归为中心集约城市。以大连市、青岛市、沈阳市、中山市、中卫市、重庆市为代表的城市有向转变控制力位序明显高于有向转变中心性位序，归为权力门户城市。网络中的其他城市有向转变中心性和有向转变控制力都较低，在风电产业链上-中游网络中属于被动供应型，归为裙带边缘城市。

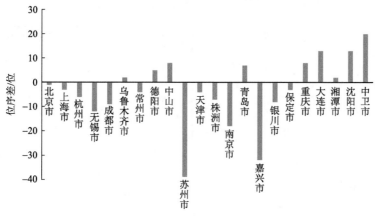

图4-18　有向转变中心性与有向转变控制力的位序差

以苏州市、中山市为例，进一步分析中心集约城市与权力门户城市的有向转变中心性与有向转变控制力的匹配关系。从位序上看，$DAC_{苏州市}$、$DAP_{苏州市}$排序分别为第10位、第49位，$DAC_{中山市}$、$DAP_{中山市}$排序分别为第9位、第1位。从链接的城市节点看，苏州市链接了27个城市节点，中山市链接了33个城市节点，两个城市所链接的城市节点数量较多，有向转变中心性位序均靠前，能有效利用自身的市场地位促进网络优化。在苏州市所链接的城市节点中包含6个低度值城市，占比约为22.2%，而中山市链接的城市节点中包含13个低度值城市，占比约为40%，与裙带边缘城市的链接效率较高。因此，尽管苏州市和中山市的有向转变中心性位序均较高，但二者的有向转变控制力位序有较大差距。从城市所布局的企业来看，中山市的明阳智慧能源集团股份公司在北京、上海、深圳、香港等城市均布局研发中心，在风电高端设备制造方面具有全国领先地位和全球重要影响力，而苏州市的风电设备制造企业虽已形成一定产业规模，但控制力远低于中山市。

（四）风电产业链中-下游网络中心性、控制力权力格局

根据风电产业链中-下游网络的度数中心性与有向转变中心性、有向转变控制

力数值,制作光伏产业链中-下游网络度数中心性(DC)-有向转变中心性(DAC)关系、度数中心性(DC)-有向转变控制力(DAP)关系散点图(图 4-19)。整体来看,度数中心性与有向转变中心性和有向转变控制力均呈正向相关关系,校正系数分别为 0.905 和 0.955,说明度数中心性较高的城市往往具备较高的有向转变中心性与有向转变控制力。同时,有向转变中心性与有向转变控制力皮尔逊相关系数为 0.911,说明绝大多数城市表现为"高中心性-高控制力""低中心性-低控制力"的分布特征,即越靠近网络中心,控制力越强。

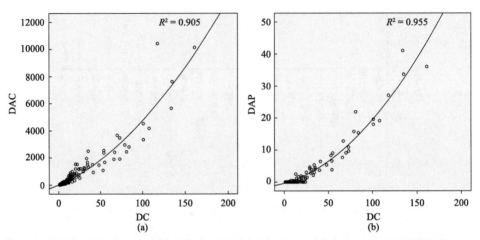

图 4-19 风电产业链中-下游网络度数中心性与有向转变中心性(a)、有向转变控制力(b)的关系散点图

有向转变中心性和有向转变控制力的位序差如图 4-20 所示。其中,乌鲁木齐市、北京市、中山市、上海市、无锡市、杭州市、重庆市、成都市、湘潭市、青岛市、保定市、天津市、大连市的有向转变中心性、有向转变控制力值均较高,位序排名靠前且变化幅度小,将其定义为领导核心城市。其中,乌鲁木齐市、北京市、中山市、上海市的领导地位最明显,$DAC_{乌鲁木齐市}$、$DAP_{乌鲁木齐市}$排序分别为第 4 位、第 1 位,$DAC_{北京市}$、$DAP_{北京市}$排序分别为第 2 位、第 2 位,$DAC_{中山市}$、$DAP_{中山市}$排序分别为第 3 位、第 3 位,$DAC_{上海市}$、$DAP_{上海市}$排序分别为第 1 位、第 4 位。深圳市、南京市、德州市、沈阳市、西安市归为中心集约城市,即占据网络中心的位置却并未获得相应的网络权力。哈尔滨市、德阳市、温州市、佳木斯市、嘉兴市归为权力门户城市,即与网络控制力的位序相比,网络中心性的地位相对较低。网络中的其他城市有向转变中心性和有向转变控制力都较低,在风电产业链中-下游网络中属于被动供应型,归为裙带边缘城市。

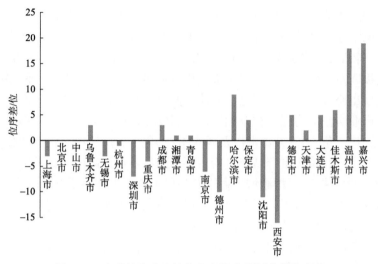

图 4-20　有向转变中心性与有向转变控制力的位序差

以德州市、温州市为例分析中心集约城市与权力门户城市的有向转变中心性与有向转变控制力的匹配关系，从位序上看，DAC 德州市、DAP 德州市排序分别为第 13 位、第 23 位，DAC 温州市、DAP 温州市排序分别为第 16 位、第 3 位。从链接的城市节点看，德州市链接了 32 个城市节点，平均度值为 48.2，温州市链接了 49 个城市节点，但城市平均度值仅为 26.9，相比之下德州市虽链接的城市数量较少，但平均度值高，依赖于此类较高等级城市拥有了资源集散方面的优势，因此有向转变中心性高。在德州市和温州市所链接的所有城市节点中，德州市链接了 6 个低度值城市，温州市链接了 24 个低度值城市，控制或影响了较多城市进入网络的特权，因此表现为更高的控制力。

第五节　本章小结

本章以新能源产业链中游——设备制造环节为突破点，以光伏、风电产业链中游环节部分核心设备制造企业为样本，获取其供应商企业、需求客户企业信息，根据企业间联系数据构建有向加权网络，将此网络关系转换为中国地级以上行政单元之间的关系，构建光伏、风电产业链上-中游和中-下游城市网络，综合分析网络的空间结构特征。所得主要研究结论如下。

从网络拓扑结构特征来看，新能源产业链上-中-下游协作网络的等级结构特征明显，均呈现"核心-边缘"结构和多中心性特征。位于长三角城市群、环渤海城市群和珠三角城市群的核心城市制造业集群化优势明显，是我国新能源产业研发与装备制造优势区域。但就目前来看，新能源产业链网络发展仍不成熟，网络密度低且网络通达性不高，说明产业链上-中-下游之间的协同合作程度不深，信息传输效率较低，大多边缘城市节点需要通过中介城市才能与核心城市取得关联。

从层级联系格局来看，网络层级结构特征明显。从空间上看，网络的主要层级联系呈现出跨区域分布的特点。光伏产业链网络中，长三角地区产业集聚发展态势好、产业协作能力强，在全国层面上引领光伏产业的发展，并形成了以京津冀-长三角-珠三角-川渝城市群以及西安市、乌鲁木齐市为核心顶点的整体网络联系框架，上饶市、包头市等城市也为重要的凸显节点。风电产业链网络形成了以环渤海-长三角-珠三角-川渝城市群以及乌鲁木齐市为核心顶点的网络骨架。相比之下，地理邻近性效应下的近距离联系格局现象并不明显。从网络城市节点联系模式看，两类可再生能源产业链网络均存在核心高等级城市之间的水平互动，表现为核心设备制造企业之间的协作往来；也存在核心城市与边缘城市的互动，表现为向核心城市汇集的集聚式企业流以及由核心城市所发出的发散式企业流。从产业规模空间分布来看，两类可再生产业链上-中游网络联系规模小于产业链中-下游网络规模，主要原因在于新能源产业的资本-技术密集性属性使得上-中游网络扩展速度较慢，而随着新能源产品成本不断下降和新能源装机市场的扩大，下游的应用市场随之逐渐扩大，布局新能源基础设施的城市数量增多，参与中-下游网络的城市数量增多。

从网络权力空间格局来看，度数中心性关注城市节点所链接的城市数量，反映了城市在网络中掌控企业流的能力；有向转变中心性和有向转变控制力对于节点的重要性来自对资源的集散能力还是节点控制力做出区分。结果显示，新能源产业链上-中游和中-下游网络度数中心性和有向转变中心性、有向转变控制力均呈正相关关系，拟合系数均大于 0.7，且不重合性在高值区段更明显，说明部分度数中心性高值城市并非为资源集散能力与控制力都很高的城市；有向转变中心性和有向转变控制力也均呈正向相关关系，相关性均大于 0.79，说明绝大多数城市表现为高中心性-高控制力、低中心性-低控制力的一般结论，即越靠近网络中心，控制力越强，但部分城市的网络中心性与控制力地位并不一致。因此，从两方面结合分析网络中城市节点的"权力"更全面、清晰。

第五章 中国可再生能源产业空间分异的影响因素

考虑到可再生能源产业链包括技术服务、设备制造、供电发电三大环节，不同环节经济附加值差别较大，企业对区位选择也存在较大差别，因此，将光伏、风电产业各环节企业数量为被解释变量，探究区域资源环境条件、社会经济发展水平、科技创新环境以及政策扶持力度等潜在影响因素对可再生能源产业各环节企业空间分布格局的影响。

第一节 技术服务产业空间分异影响因素分析

一、影响因子选取

目前，学术界重点关注城市经济发展水平、对外开放程度、政策支持、科技投入等因子对技术转移的影响，因此参考（刘承良和牛彩澄，2019；段德忠等，2018；汪涛和李丹丹，2011；文嫖和曾刚，2004；宓泽锋等，2022；吕拉昌等，2015；李启航等，2021）等学者的研究成果，结合可再生能源产业和城市自身发展特点，遵循科学性、数据的可获取性以及客观性等原则，本章选取各城市太阳能和风能产业技术转移强度作为因变量，自变量指标选取从经济基础条件、科技创新环境、制度环境条件、社会环境条件4个维度中选取城市的经济发展水平、工业化水平、对外开放程度、教育水平、人力资本、科技投入、政策支持、环境规制、城市基础设施、资源禀赋和用电需求11个指标，从而构建中国可再生能源产业技术转移影响因素指标体系（表5-1）。

表 5-1　中国可再生能源产业技术转移网络影响因素指标体系

变量	维度	指标	编码	变量说明	数据来源
因变量	技术转移强度	技术转移强度	Y	太阳能或风能技术转移强度	国家知识产权局专利检索平台

变量	维度	指标	编码	变量说明	数据来源
自变量	经济基础条件	经济发展水平	GDP	地区生产总值/万元	《中国城市统计年鉴》
		工业化水平	IND	第二产业占比/%	《中国城市统计年鉴》
		对外开放程度	FDI	实际使用外资投资额/万美元	《中国城市统计年鉴》
	科技创新环境	教育水平	EDU	每万人在校大学生数/人	《中国城市统计年鉴》
		人力资本	CAP	科学研究、技术服务和地质勘查业人员数/万人	《中国城市统计年鉴》
		科技投入	INS	科学技术支出金额占地方公共财政支出占比/%	《中国城市统计年鉴》
	制度环境条件	政策支持	POL	国家级技术转移机构数量/个	科技部公布的《国家技术转移示范机构名单》
		环境规制	ER	环境规制强度综合指数	《中国环境统计年鉴》
	社会环境条件	城市基础设施	FAC	城市互联网用户数量/万户	《中国城市统计年鉴》
		资源禀赋	RES	太阳能/风能能源电站数量/个	《中国能源统计年鉴》
		用电需求	ELE	全社会用电总量/（万 kW·h）	《中国城市统计年鉴》

（1）经济基础条件：经济发展水平差异是造成技术转移水平差异的根本原因，众多学者认为经济发展水平高的城市需要更多技术来驱动经济增长，对技术的需求更大（许佳琪，2020）。尤其是在第四章第二节对可再生能源技术转移网络的空间结构分析中，发现技术转移网络的核心区域主要集中在北京市、上海市、深圳市等经济基础较好的城市，这意味着经济实力越强的城市，吸收技术的能力越强并且溢出效应明显。但由于地理区位、人文历史、政策等因素导致中国各城市之间存在明显的经济发展差距，经济发展差距必然影响到财政收支状况，因此本章选取经济发展水平、工业化水平、对外开放程度来表征经济基础条件；熊瑶（2019）认为经济发展水平高且水平接近的城市由于科学诉求趋近更容易开展创新活动，一般情况下，一个城市的经济发展水平越高，融入市场的能力越强，技术贸易规模越大，因此选取地区生产总值来表征城市的经济状况测度对可再生能源产业技术转移的影响程度；跨区域投资，特别是跨国公司的外商直接投资是知识溢出的重要通道（Bathelt and Li，2014）。已有研究认为城市的开放程度越高，经济包容度和市场开放度越高，任龙（2011）发现外商投资在省域之间技术转移中发挥着明显的正向推动作用，外商投资具有经济发达的趋向性，确定产业快速发展，促进当地技术转化与应用。外商投资的溢出效应同样是影响技术转移的重

要因素。因此，本章为验证对外开放程度对中国可再生能源产业技术转移的影响程度，选取实际使用外资投资额作为测度指标；城市的产业结构转型升级有利于科技成果的扩散与转化，从而推动城市专利技术的转入与转出。谢聪和王强（2022）研究发现不协调的产业结构严重影响中国可再生能源产业技术的创新能力，更是成为制约中国东部地区可再生能源技术创新发展的关键因素。可再生能源产业技术专利作为知识密集型产品，其技术转移与扩散对产业结构的优化程度要求更高，因此本章选取第二产业占比代表工业化水平来测度其对可再生能源产业技术转移的影响。

（2）科技创新环境：良好的创新环境是创新产生与扩散的基本前提（薛凤平，2010），城市创新环境会对城市的科技创新产出与创新成果扩散、转移与转化应用有一定的影响（孙勇等，2022），因而在城市可再生能源产业技术转移网络研究中也应将科技创新环境纳入影响因素分析指标中，本章将教育水平、人力资本和科技投入指标纳入考量。教育水平采用每万人在校大学生数衡量，数据来源于《中国城市统计年鉴》。以往研究发现，教育是创新体系的基础，教育作为提高城市人口知识化水平的手段，对城市的创新具有重要作用（何舜辉等，2017）。此外，城市的教育水平越高，其高校和科研院所也丰富，高校和科研院所不仅作为人才培养的场所，同样是科研活动的聚集地，对科研成果的转化和知识溢出具有重大推动。因此，在可再生能源产业技术转移影响因素的分析中应探讨转移强度与教育水平的相关性；人力资本正在成为影响城市创新能力和区域竞争力的最核心要素之一（段德忠等，2019）。人力资本在技术创新过程中是发明者和使用者（侯纯光等，2016），人力资本效应不仅能够促进物质资本的技术革命，其流动性也能够加快社会技术与信息的传播与扩散。因此本章选取科研创新与技术转化方面具有代表性的科学研究、技术服务和地质勘查业人员数作为人力资本来测度其对可再生能源产业技术转移的影响，数据来源于《中国城市统计年鉴》；可再生能源产业技术的创新与转移是高资本密集型活动，前期需要昂贵的实验设备和较高的资金支持。资本雄厚、金融体系完善的东部沿海地区通过给创新活动提供良好的资金支持，大大增强了其创新能力（黄晓东等，2021）。科技投入水平越高更有助于为创新活动创设优越的创新环境，进而推进技术的创新和创新成果的转化（满姗等，2021）。由此，本章选取科学技术支出金额占地方公共财政支出占比来表征科技投入。

（3）制度环境条件：当前可再生能源产业技术转移网络发展还相对不成熟，制度环境建设还有所欠缺，在此背景下，政府的政策措施发挥越来越大的作用。自2015年以来，《促进科技成果转移转化行动方案》《中华人民共和国促进科技成果转化法》等方案和法律条款的颁布和修订，是政府在技术成果转化方面加大力度推动技术转移进一步发展的体现。政府是政策的制定者和发展方向的引导者，在可再生能源产业技术转移发展中起着制定政策、提供资金、完善相关服务型平台的重要功能。本章主要采用科技投入、政策支持和环境规制来衡量制度环境条件对可再生能源产业技术转移的影响。可再生能源产业技术转移是一种市场行为，需要一定的交易市场和交易平台做支撑，技术转化中介服务等机构对推动技术交易和技术转化具有重要作用（侯纯光等，2019），地方政府发挥制度创新和政策安排方面的相应功能，通过设立技术转移交易机构来进行引导和支持，更有助于创新主体之间进行交流与贸易往来，进而推进技术的创新和创新成果的转化，故选取国家级技术转移机构数量来反映政策支持对可再生能源产业技术转移发展的影响。在环境规制的制约下，中国可再生能源产业技术转移如何发展？为了考察在环境规制的制约条件下，中国可再生能源技术转移发展如何变化，本书借鉴赵霄伟（2014）关于环境污染排放量综合指数的计算方法，利用二氧化硫、工业烟（粉）尘、工业废水排放量计算环境污染排放强度，构建环境规制强度综合指数来表征环境规制水平。

（4）社会环境条件主要包括城市基础设施、用电需求和资源禀赋三个方面。城市基础设施主要包括交通运输基础设施、互联网普及率等，较高的基础设施水平能够有效节约城市间贸易往来成本，从而推动贸易发展。相关研究认为较高的互联网普及率和良好的信息环境能够提高信息技术传播的速度，从而扩大贸易规模（蔡丽茹等，2022）。因此，本章选取城市互联网用户数量表征城市基础设施，验证其与可再生能源产业技术贸易往来的影响关系。中国现在是世界上最大的能源消费国，但是中国的化石能源资源是相对匮乏的，自2021年9月以来，国内"拉闸限电"现象已经波及黑龙江、吉林、辽宁、江苏等众多省份，对工业生产、居民生活造成诸多不便，究其原因，主要是因为目前中国仍以火力发电为主，而"煤电顶牛"矛盾凸显，导致全国电力供应紧张。此时大力推动可再生能源产业创新发展成为解决"能耗双控"发展目标的重要举措。因此，本章选取全社会用电总量表征用电需求指标能否拉动城市可再生能源产业技术转移发展；可再生能源资源分布具有地域差异性，开发利用风能、太阳能资源需要摸清资源的分布、储量及其开发前景。中国属于太阳能和风能资源丰富的国家（风能最丰富的地区主要分布在"三北"地区和沿海地区，太阳能资源最丰富地区包括青藏高原、甘肃北部、新疆南部等地区），但是资源禀赋存在地区差异性，因此，本章选取资源禀赋指标分析其与可再生能源产业技术转移发展的关系。

二、回归模型构建

经过计算，发现太阳能和风能技术转移网络的 Moran's I 指数分别 0.265 和

0.120，并且均在 1%的水平上显著，说明中国可再生能源产业技术转移网络呈现显著的空间集聚现象，因此本章将空间效应作为影响因子纳入模型中，使用空间面板模型来构建中国可再生能源产业技术转移影响因素的回归模型，利用空间滞后模型（SLM）、空间误差模型（SEM）和空间杜宾模型（SDM）三种空间计量模型来探讨中国可再生能源产业技术转移的影响因素和空间溢出效应。

本章以 2006～2019 年太阳能和风能产业技术转移强度作为因变量，同时考虑到数据的可获得性以及城市是人口、经济和各种组织形态的空间载体，本部分选取了中国 287 个地级以上城市作为研究对象。剔除年鉴中空值数据，缺失值由插值法进行补齐。计量地理分析法中，由于对数变换能够消除异方差干扰，因此本章对自变量进行了取对数处理。模型如下。

（1）空间滞后模型：当解释变量之间的空间依赖性对模型存在显著影响时，采用空间滞后模型。公式为

$$Y = \beta_0 + \rho WY + \beta_1 X_1 + \beta_2 X_2 + \beta_3 X_3 + \beta_4 X_4 + \beta_5 X_5 + \beta_6 X_6$$
$$+ \beta_7 X_7 + \beta_8 X_8 + \beta_9 X_9 + \beta_{10} X_{10} + \beta_{11} X_{11} + \varepsilon \tag{5-1}$$

（2）空间误差模型：当模型误差项在空间上相关时，采用空间误差模型。公式为

$$Y = \beta_0 + \rho WY + \beta_1 X_1 + \beta_2 X_2 + \beta_3 X_3 + \beta_4 X_4 + \beta_5 X_5 + \beta_6 X_6$$
$$+ \beta_7 X_7 + \beta_8 X_8 + \beta_9 X_9 + \beta_{10} X_{10} + \beta_{11} X_{11} + \varepsilon, \quad \varepsilon = \lambda W \varepsilon + \upsilon \tag{5-2}$$

（3）空间杜宾模型：当某地解释变量同时受其周边地区的解释变量和被解释变量影响时，采用空间杜宾模型，即在空间滞后模型和空间误差模型的基础上添加解释变量滞后项。公式为

$$Y = \beta_0 + \rho WY + \beta_1 X_1 + W\beta_2 X_1 + \beta_3 X_2 + W\beta_4 X_2 + \beta_5 X_3 + W\beta_6 X_3$$
$$+ \beta_7 X_4 + W\beta_8 X_4 + \beta_9 X_5 + W\beta_{10} X_5 + \beta_{11} X_6 + W\beta_{12} X_6$$
$$+ \beta_{13} X_7 + W\beta_{14} X_7 + \beta_{15} X_8 + W\beta_{16} X_8 + \beta_{17} X_9 + W\beta_{18} X_9$$
$$+ \beta_{19} X_{10} + W\beta_{20} X_{10} + \beta_{21} X_{11} + W\beta_{22} X_{11} + \varepsilon$$
$$\varepsilon = \lambda W \varepsilon + \upsilon \tag{5-3}$$

式中，W 为空间权重矩阵；ε 与 υ 为随机误差项；ρ 为空间回归系数；λ 为空间误差系数，均衡观测值的空间依赖作用；ρ 反映的是相邻城市观测值对本城市观测值的影响方向和程度，而 λ 度量邻接城市关于因变量的误差项对本城市观测值的影响程度。X_1 为城市的经济发展水平；X_2 为环境规制水平；X_3 为对外开放程度；X_4 为政策支持；X_5 为教育水平；X_6 为人力资本；X_7 为用电需求；X_8 为科技投入；X_9 为城市基础设施水平；X_{10} 为工业化水平；X_{11} 为资源禀赋。

三、实证结果分析

为选取最优模型，首先进行了普通最小二乘法（OLS）模型回归，通过对太阳能和风能产业回归模型的稳健拉格朗日乘子（LM）检验，发现 LM_Lag 和 LM_Error 均在 5%水平下显著，存在显著的空间相关性，而且 SLM 和 SEM 都适用于影响因素的回归分析。为了更好地确定选取何种空间面板回归模型，本章进一步对模型进行了似然比（LR）检验和沃尔德（Wald）检验，验证空间杜宾模型（SDM）是否可以退化成空间滞后模型（SLM）或空间误差模型（SEM）。检验可得，太阳能空间滞后模型 LR 检验结果为 18.87，$p>0.1$，Wald 检验结果为 27.87，$p<0.01$；太阳能空间误差模型 LR 检验结果为 48.38，$p<0.01$，Wald 检验结果为 52.37，$p<0.01$，根据结果可知，太阳能技术转移回归结果 SDM 可以退化成 SLM，因此，太阳能技术转移最优回归模型选择 SLM。风能空间滞后模型 LR 检验结果为 22.13，$p<0.05$，Wald 检验结果为 22.37，$p<0.05$；风能空间误差模型 LR 检验结果为 51.17，$p<0.01$，Wald 检验结果为 49.54，$p<0.01$，结果显示风能 SDM 可退化成 SLM、SEM 的假设是不成立的，根据 Hausman 检验结果，太阳能在时间固定效应（$R^2=0.785$）、空间固定效应（$R^2=0.695$）和双固定效应（$R^2=0.690$）、风能在时间固定效应（$R^2=0.713$）、空间固定效应（$R^2=0.450$）和双固定效应（$R^2=0.511$）比较选择中，均确定时间固定效应模型。因此，本章选择时间固定效应下的 SLM 对太阳能技术转移的影响因素进行分析，同时对风能产业技术转移的影响因素分析选取具有时间固定效应的 SDM 模型。回归结果如表 5-2、表 5-3 所示。

表 5-2　中国可再生能源产业技术创新能力影响因素回归分析结果

解释因素	太阳能				风能			
	OLS	SLM	SEM	SDM	OLS	SLM	SEM	SDM
lnGDP	0.222***	0.193***	0.228***	0.198**	0.247***	0.209***	0.247***	0.199***
lnER	0.028	0.019**	0.118*	0.009	0.039	0.018**	0.011**	0.035**
lnFDI	0.013	0.022*	0.042***	0.045***	0.009	−0.011	0.012	0.021
lnPOL	0.735***	0.944***	0.894***	0.946***	0.847***	0.717***	0.685***	0.733***
lnEDU	0.087**	0.058	0.063**	0.050*	0.080***	0.063	0.062	0.064
lnCAP	−0.007	0.072*	0.033	0.058	0.043	−0.015	−0.011	0.019**
lnELE	0.106***	0.057*	0.070**	0.062*	0.091***	0.031*	0.034***	0.045**
lnINS	0.172***	0.265***	0.292***	0.228***	0.142***	0.168***	0.199***	0.130***
lnFAC	0.112**	0.084**	0.094**	0.112**	0.041**	0.085*	0.077*	0.027*
lnIND	−0.396***	−0.112**	−0.047	−0.018	−0.185**	−0.219**	−0.208	−0.209*
lnRES	0.177***	0.129***	0.151***	0.111***	0.032*	0.040	0.049	0.052**

续表

解释因素	太阳能				风能			
	OLS	SLM	SEM	SDM	OLS	SLM	SEM	SDM
$W*$lnGDP				0.221				0.039
$W*$lnER				−0.108				−0.013
$W*$lnFDI				−0.036				0.023
$W*$lnPOL				−0.127				0.087
$W*$lnEDU				−0.027				−0.034
$W*$lnCAP				0.113				0.088**
$W*$lnELE				−0.083				0.135**
$W*$lnINS				0.168**				0.022
$W*$lnFAC				−0.062***				−0.293***
$W*$lnIND				−0.257				−0.257
$W*$lnRES				0.070				−0.178**
$P(\lambda)$		0.443***	0.455***	0.436***		0.248***	0.245***	0.340***
R^2	0.658	0.785	0.765	0.790	0.575	0.698	0.675	0.695
log$L$	−943.574	−869.161	−885.430	−860.578	−671.657	−624.001	−642.000	−677.411

、*分别通过了 5%、1%的显著性检验；

注：log$L$ 为表征模型优度的一项参数，下同

表 5-3　中国风能产业技术创新能力影响因素的空间杜宾模型的直接效应和间接效应

解释因素	风能		
	直接效应	间接效应	总效应
lnGDP	0.223***	0.077	0.150
lnER	0.021**	−0.055	−0.020
lnFDI	−0.018	0.031	0.026
lnPOL	0.742***	0.369***	1.236***
lnEDU	0.064	−0.077	−0.151**
lnCAP	0.011**	0.125*	0.146*
lnELE	0.026**	0.085	0.115
lnINS	0.145***	0.104*	0.221***
lnFAC	0.042*	−0.246***	−0.201**
lnIND	−0.198*	−0.209	−0.301*
lnRES	0.047**	−0.095	−0.054

*、**、***分别通过了 10%、5%、1%的显著性检验

从表中可以看出，R^2 为 0.575～0.790，模型的拟合优度较好。同时空间自相

关系数 $P(\lambda)$ 均为正值，且在 0.1 水平上的显著。表明城市太阳能和风能产业技术转移受周边地区的影响。

从太阳能技术转移影响因素分析结果来看：

太阳能技术转移的空间差异是由多种因素综合作用的结果。政策支持、科技投入、经济发展水平作为关键影响因素对太阳能技术转移发展有着显著的正向推动作用；环境规制、资源禀赋、对外开放程度、用电需求、城市基础设施水平等指标是太阳能技术转移发展的前提，而教育水平与技术转移不具有因果关系，工业化水平却会阻碍太阳能技术转移发展。

（1）政策支持对太阳能技术转移影响的实证结果在 1% 显著水平下通过验证，回归系数为 0.944 且为最大值，说明国家级技术转移平台和机构越多，越有利于城市之间技术转移交易，即政策支持能促进太阳能技术转移，技术转化中介服务等机构为技术交易和技术转化提供了平台和机会，是推动可再生能源技术转移重要的推动力，同时说明政府的政策服务体系是推动技术转移的重要力量。

（2）科技投入对太阳能技术转移是具有重要的推动作用的，重要地位仅次于政策支持指标。城市的科技投入能够体现出当地政府对技术创新的重视程度，政府通过增加城市的科技投入，加大资金投入，营造良好的创新环境，促进太阳能产业技术创新发展，进而增强太阳能技术的转移流动。

（3）经济发展水平对太阳能技术转移的影响具有促进作用，且在 1% 的显著性水平上显著为正，表明一个城市的经济水平越高，越容易发生太阳能的技术转移，技术转移强度越大。经济发展水平高的城市往往具有良好的创新氛围，能够提供充足的资金与技术支持，同时经济发展水平高的城市对技术的需求也较大，所以，太阳能技术转移对经济发展水平的依赖性较高。

（4）环境规制对太阳能技术转移的影响在 5% 的水平上具有显著正向推动作用，说明严格的环境规制，使得企业主体的环保意识更强，使用清洁能源，推动能源结构转型升级的愿望更强烈。

（5）对外开放程度对太阳能技术转移具有显著的正向作用，其回归系数为 0.022，在 10% 的水平上显著，即城市的开放程度越高，城市更容易有机会进行技术溢出和技术流入行为，激发科技创新发展。同时也能体现城市的市场开放程度，技术转移活动作为一个具有一定高度的市场化行为，市场开放程度越高，越能为太阳能技术转移提供良好的市场环境。

（6）教育水平在太阳能技术转移中的回归系数为 0.058，但其显著性没有通过检验，说明科研教育资源水平大小对中国太阳能产业技术转移不存在显著影响，这主要是因为以科学研究为主导的科研教育资源与技术转移的市场化行为相关性不强，对技术应用的引领性有限。

（7）人力资本在太阳能技术转移的回归模型中的回归系数为 0.072，在 10%的水平上显著。城市的研发人员数量对太阳能技术转移具有一定的正向影响效应，这是由于城市研发人员的数量能够影响太阳能技术创新能力，推动专利申请量的增加，进而对技术转移产生影响，但是这种影响程度相对较低，主要是因为技术转移活动独立于研发活动外。

（8）社会的用电的高需求有利于促进城市的太阳能产业技术转移的增加。用电需求在太阳能技术转移的回归模型中的回归系数为 0.057，在 10%的水平上显著，这就说，社会的用电需求每增加 1%，太阳能技术转移将提高 0.057%。社会的用电需求越大，对可再生能源产业和可再生能源产品的需求相应增加，催生太阳能技术的转移与交易。

（9）城市基础设施在太阳能技术转移的回归模型中的回归系数为 0.084，在 5%的水平上显著，表明城市基础设施水平越高，越能推动太阳能技术转移的发展。高水平的城市技术设施能够有效提高信息技术传播的速度，节约城市间贸易往来成本从而扩大贸易规模。

（10）工业化水平对太阳能技术转移的影响回归系数为–0.112，通过了 5%的显著性检验，说明产业结构的转型升级是中国可再生能源产业技术创新能力发展亟待解决的问题，大多数地区工业发展走粗放型发展道路，在全球"再工业化"浪潮下，提高工业实体经济对地区太阳能产业技术创新的推动仍然有很长一条路要走。

（11）资源禀赋对太阳能技术转移具有推动促进作用，在 1%的水平上显著正相关。但是这种重要性和显著性明显要低于其他影响指标。说明太阳能产业发展虽然具有资源依赖性，但是表现为具有科技创新属性的太阳能技术转移活动与资源禀赋具有一定的剥离。

从风能技术转移影响因素分析结果来看：

风能技术转移的发展与多种因素指标具有因果关系和空间溢出效应。政策支持、经济发展水平、科技投入是风能技术转移发展的基础条件，较大程度上塑造了中国风能产业技术转移网络的发展格局；其次是环境规制、资源禀赋、人力资本、用电需求、城市基础设施对风能技术转移具有重要影响的直接效应，而政策支持、人力资本、科技投入、城市基础设施不仅对本城市有影响作用，同时对周边城市的风能技术转移发展具有不同程度的引致或抑制效应。

（1）经济发展水平在风能技术转移发展过程中有显著的直接效应。经济发展水平对风能产业技术转移的直接影响为 0.223，且通过了 1%的显著性检验，这表明经济发展水平提高 1%，风能技术转移强度就提高 0.223%以上。风能技术转移强度与城市经济发展规模是相辅相成的关系，经济发展水平高的城市往往具有较高的资源配置和调动能力从而推动风能创新水平提升。但是经济发展水平在风能技术转移方面的间接效应却没有通过显著性检验，表明经济发展水平对风能技术转移的影响不存在明显的溢出效应。

（2）环境规制和资源禀赋对风能技术转移发展均表现出显著正相关的直接效应，城市环境制约越严厉、环境保护税越高，企业成本越高，此时企业为应对环境规制对清洁能源、可再生能源产品的需求增大，进而促进风能技术的转移与流动。由于一个城市的环境制约条件和资源禀赋情况仅适用于该城市，不同城市的环境制约手段和资源储量各异，因此呈现出不显著正相关的间接效应，即较高的环境规制条件和高资源禀赋推动当地城市风能技术创新能力提升，而对周边城市的影响较小。

（3）对外开放程度对风能技术转移的直接效应、间接效应回归系数均不显著，表明其在风能技术转移过程中发挥的作用较小，对周边其他城市的风能技术转移影响同样不具有溢出效应。

（4）政策支持在风能技术转移中的直接效应结果是显著正相关，回归系数为0.742，呈现为最大系数，说明政策支持是风能技术转移发展的前提。国家级示范技术转移机构数量每增加1%，城市间风能技术转移强度将提升0.742%，说明城市的技术转移平台越多，城市在风能技术转移网络中的节点地位越高，技术转移示范机构的创建同时也是激励技术创新转化与交流的一种手段。政策支持对风能技术转移的间接效应的回归系数为0.369，且在1%的水平上显著，表明技术转移示范机构的搭建同时能够辐射带动周边城市技术转移的发展。

（5）教育水平和对外开放程度在风能技术转移中的直接效应和间接效应均不显著，说明科研教育资源不仅对城市还有其周边城市的风能技术转移影响作用小。在市场化的背景下，科学研究为主导的科研教育资源对技术转移的技术应用领导性不强，对外开放程度对风能技术转移的影响较小，这与风能技术市场发展程度相对较弱不无关系。

（6）人力资本对风能技术创新发展技术转移强度的直接效应和间接效应均为显著正相关，回归系数分别为0.011和0.125，表明人力资本投入增加1%，风能技术转移水平将提升0.011%，并对周边城市的影响提升0.125%，体现在人力资本具有流动性，对周边地区的溢出效应最为明显。

（7）社会的用电需求增加有利于促进城市的风能产业技术转移水平的提升。用电需求的直接效应为0.026，社会用电需求每增加1%，风能技术转移水平将提高0.026%。而社会的用电需求对风能技术转移的间接效应不具有显著性，表明本城市的用电需求对周边城市没有影响，不具有溢出效应。

（8）科技投入的提高有利于促进城市及其周边城市的风能产业技术转移水平

的提升。科技投入的直接效应为 0.145，科技投入每增加 1%，风能技术创新能力将提高 0.145%。科技投入的间接效应为 0.104，即科技投入每增加 1%，周边城市风能技术转移将提高 0.104%，说明科技投入对周边城市风能技术转移有较强的辐射带动能力。

（9）工业化水平对风能技术转移水平的直接效应值为−0.198，通过了 10%显著性检验，说明中国的产业结构对风能技术转移发展存在负相关关系，发展制约着风能技术转移强度。但工业化水平指标对风能技术转移强度的间接效应均为不显著负值，说明各城市在确定产业发展结构时因地制宜，立足于当时实际情况，受其他城市影响小。

第二节　设备制造与供电产业空间分异的影响因素分析

一、变量选取

综合已有文献研究成果并考虑数据可得性，本章提出中国可再生能源产业空间组织格局差异的分析框架，包括基本因素和特征因素两大方面，基本因素包括经济基础、人力资本、产业环境、市场需求，特征因素包括设备制造环节重点考虑的技术创新、工业基础以及供电发电环节重点考虑的资源禀赋、用电需求，各因素具体表征指标如表 5-4 所示。

表 5-4　设备制造与供电产业空间分异影响因素与具体指标解释

影响因素	编码	具体指标解释	设备制造	供电发电
经济基础	X_1	地区生产总值/万元	√	√
人力资本	X_2	行业从业人员数量/万人	√	√
产业环境	X_3	国家级、省级开发区数量/个	√	√
技术创新	X_4	太阳能、风能专利申请量/件	√	
工业基础	X_5	工业总产值/万元	√	
市场需求	X_6	光伏、风电新增装机容量/万 kW	√	√
资源禀赋	X_7	年平均日照时间/小时 年平均风速/（m/s）		√
用电需求	X_8	全社会用电量/（亿 kW·h）		√

注：“√”对应不同环节企业所选用的具体因素

二、空间计量模型

考虑到要素空间依赖性、空间异质性的影响，空间计量模型相对于传统计量模型更贴近客观规律（王建康等，2016；王振波等，2019）。本章运用的空间计量模型是基础面板数据的模型，空间面板数据增加了指标数据数量，模型准确性更高。空间杜宾模型是空间误差和空间滞后模型的一般形式，空间滞后模型包含了被解释变量的内生交互效应，空间误差模型包含了误差项的交互效应，空间杜宾模型同时包含了内生交互效应（WY）和外生交互效应（WX），其公式为

$$Y = \alpha + \rho WY + \beta WX + \theta WY + \varepsilon \qquad (5\text{-}4)$$

式中：W 为空间权重矩阵，本书选用邻接空间权重矩阵，即相邻的空间单元之间具有显著的相互影响，不相邻的空间单元基本不存在相互影响。α 为常数项；ρ 为空间滞后自回归系数；β 为回归系数；θ 为解释变量空间滞后项系数；ε 为随机扰动项，服从独立同分布。

三、回归结果分析

依据第四章分析，中国可再生能源产业在空间上具有明显的集聚性，因此有必要将空间效应纳入模型中，采用空间计量模型对影响因素进行分析。当前研究使用较多的空间计量模型主要有空间滞后模型、空间误差模型、空间杜宾模型，需要根据检验与判定规则来选择最适用模型（魏素豪等，2020），检验结果如表 5-5 所示。

表 5-5 模型检验结果

产业	模型	检验	设备制造企业	供电发电企业
光伏产业	SLM	Wald_spatial	14.09**	113.55***
		LR_spatial	14.00**	53.03***
	SEM	Wald_spatial	13.86**	144.01***
		LR_spatial	26.90***	62.13***
		Hausman	56.30	61.24***
风电产业	SLM	Wald_spatial	30.47***	45.39***
		LR_spatial	11.12*	51.41***
	SEM	Wald_spatial	29.31***	75.00***
		LR_spatial	10.31*	43.57***
		Hausman	43.82***	73.93***

*、**、***分别表示 10%、5%、1%的显著性水平

如表 5-5 所示，通过 Wald 与 LR 检验可判断 SDM 能否退化成 SLM 与 SEM，根据检验结果，SLM、SEM 模型 Wald 与 LR 检验结果均通过显著性检验，同时拒绝原假设，SDM 不能简化为 SLM、SEM。确定 SDM 后，须根据 Hausman 检验结果判断固定效应模型与随机效应模型，结果显示检验值均通过了 1%水平下的显著性检验，拒绝随机效应模型，采用固定效应模型。最后根据拟合优度 R^2 值判断采用时间固定 SDM、空间固定 SDM、时间空间双固定 SDM，由结果可知各环节企业均最适用于时间固定效应 SDM。

为此，本书应用 SDM 模型对原始数据进行了再次回归，运行结果如表 5-6 所示。由回归结果分析可知：

经济基础对光伏、风电产业设备制造、供电发电环节企业均有显著的正向作用。说明经济规模越大的城市，基础设施和服务设施完善，综合发展能力强，同时其可达性也高，在城市网络中处于核心控制地位，有利于可再生能源产业的技术交流，产品集散速度更快。此外，人力资本仅对供电发电企业和有限高质量发展的高素质人才，其有利于企业技术升级和转型升级稳步推进。产业环境对光伏产业技术服务、设备制造环节的企业分别有显著的负向作用和正向作用，对风电产业的影响整体来看并不显著。可再生能源产业类开发区的成立时间相对较晚，当前开发区的建设整体上未能形成显著的规模效应和集聚效应，未能在联络上、中、下游企业以及整合区内优质资源方面起到显著推动作用。而装备制造类开发区数量多且发展逐渐成熟，在地级市尺度集聚优势明显（高超和金凤君，2015；蔡善柱和陆林，2019；胡森林等，2021），光伏产业设备制造企业可通过在开发区的布局利用土地、租金、税收等政府优惠政策来降低贸易、财务和交流成本。

表 5-6　最优固定效应 SDM 模型估计结果

影响因素	设备制造企业		供电发电企业	
	光伏	风电	光伏	风电
ln（X_1）	0.67**	0.88***	0.72***	0.74***
ln（X_2）	0.21	−0.08	0.27**	0.5***
ln（X_3）	0.27**	0.02	0.07	−0.05
ln（X_4）	0.23***	0.15***		
ln（X_5）	0.11*	0.23*		
ln（X_6）	0.09**	0.07**	0.06**	0.06²
ln（X_7）			2.01*	1.19*
ln（X_8）			−0.18**	−0.26**

续表

影响因素	设备制造企业		供电发电企业	
	光伏	风电	光伏	风电
$\ln(W*X_1)$	−0.81	−0.54	0.21	−0.23
$\ln(W*X_2)$	−0.16	−0.19	−0.5***	−0.34*
$\ln(W*X_3)$	−0.08	−0.11	0.4***	−0.42***
$\ln(W*X_4)$	0.77**	0.49*		
$\ln(W*X_5)$	0.13*	0.07		
$\ln(W*X_6)$	0.09*	0.03	0.16***	0.17***
$\ln(W*X_7)$			−0.36	1.15
$\ln(W*X_8)$			0.11	−0.01
$\rho(\lambda)$	4.71***	4.50***	2.55***	3.2²***
R^2	0.598	0.343	0.570	0.487
$\log L$	−11.68	−9.50	−23.38	−6.78

*、**、***分别表示10%、5%、1%的显著性水平

技术创新、工业基础和市场需求对设备制造企业均具有显著的正向推动作用。可再生能源产业设备制造业具有集研发制造于一体的特点，对于当地的工业基础和技术创新能力要求较高。同时，设备产品更迭速度越来越快，设备制造业布局更倾向于靠近市场以便于产品流通。

市场需求和资源禀赋对供电发电企业均具有显著的正向作用。近年来，三北地区依托丰富的光照、风力资源，进行大基地建设，发电规模远超其他地区，是我国可再生能源电力发展的核心区。但由于本地消纳能力有限以及外送渠道建设滞后，"弃风弃光"问题反复。由前文分析可知，随着技术水平的提升，东部、中部地区资源可得到有效利用，新增装机容量不断增加，可再生能源产业发展"集散并举、海陆齐进"趋势明显[1]，因此供电发电企业布局与资源禀赋、装机市场存在空间一致性。用电需求对供电发电企业有显著的负向作用。我国能源生产中心和消费中心一直以来存在逆向分布的特点，但随着东部和中部地区可再生能源产业的发展，这一状态未来将有所缓解。

---

[1] 国务院关于印发2030年前碳达峰行动方案的通知[EB/OL]. https://www.gov.cn/zhengce/content/2021-10/26/content_5644984.htm[2022-12-11].

第三节 本 章 小 结

本章结合可再生能源产业和城市自身发展的特点,归纳提炼了经济发展水平、城市基础设施、资源禀赋、用电需求、科技投入、环境规制、人力资本、政策支持、对外开放程度等因素构建可再生能源产业技术转移指标体系,并进行回归分析。为揭示中国城市太阳能和风能技术转移影响因素,本章选取了 2006～2019 年城市间太阳能和风能技术转移的面板数据作为样本,运用空间计量模型进行了实证研究,得出以下结论:

从太阳能技术转移影响因素分析来看,政策的支持是太阳能技术转移发展的基础与前提,城市搭建的国家级技术转移示范机构平台越多,太阳能技术转移的水平越高。经济发展水平和城市基础设施水平是太阳能技术转移发展的必要保障。资源禀赋与太阳能技术转移发展存在一定程度的异质性,对外开放程度、人力资本、用电需求对太阳能技术转移具有重要推动作用。而教育资源对市场化背景下的技术转移行为影响甚微。工业化水平却与太阳能技术转移发展呈现显著负相关关系。因此经济发展水平较高的城市,资源调配能力较强,更容易积聚创新要素。扩大科技财政投资,重视国家技术转移机构的建设,能够增强城市创新活力与动力,通过产业体系的改造升级,可发挥实体经济对创新发展的支撑和推动作用。

从风能技术转移影响因素分析来看,经济发展水平、环境规制、用电需求、工业化水平和资源禀赋等指标皆是本城市风能技术转移发展的重要前提和保障,但是对周边城市的风能技术转移发展影响较小不具有明显的空间溢出效应。较高的政策支持、人力资本、城市基础设施水平、科技投入指标不仅可以推动本城市风能产业技术转移发展,同时其区域扩散作用大于集聚作用,即对周边城市风能技术转移发展产生积极影响。工业化水平对风能技术转移的发展有着显著的抑制作用,而对外开放水平和科研教育水平指标不具有显著的直接和间接效应。同时,空间杜宾模型的拟合优度最佳,也进一步说明城市间创新溢出与交流对城市技术转移具有促进作用。

可再生产业链设备制造环节是产业链的核心,既有大中小企业协同合作,又作为产业链中游环节联动了上游和下游,使得技术知识、市场信息交换与反馈成为可能。传统制造业处于价值链的最底端,利润率低,而新能源产业设备制造环节集研发与制造于一体的特点表明其空间分布格局除了与城市经济发展水平、技术创新能力等相关性较高以外,产业链中游环节产品更迭速度越来越快,对当地的能源工业基础要求较高。中游核心设备制造企业,尤其是原材料企业,其产品面向国际、国内市场，在激烈的全球市场竞争中占据了一定市场份额，对外贸易的格局也在一定程度上影响了国内市场的发展。

可再生产业链的下游环节作为设备的应用环节，在产业发展初期，依赖于当地资源禀赋，西北、华北和东北地区凭借其丰富的可再生资源成为产业发展重心。但由于系统调峰能力、电网输送和本地消纳能力不足以及新能源消纳市场机制不完善等问题而导致"三北"部分地区出现严重"弃风弃光"问题，成为我国新能源产业发展的一大瓶颈。近年来，新能源逐渐走向有序健康发展轨道，在平价上网的背景下，补贴效应下降，市场需求对于新能源产业发展的影响将不断增强。值得注意的是，能源分布和经济发展的不平衡性使得我国东中西部地区能源生产与消纳错位的现象一直存在。因此，供电发电环节未来的空间格局除了考虑当地资源禀赋，也需要考虑当地能源利用效率和能源外送条件。

第六章 中国可再生能源产业空间优化路径

作为国家级战略性新兴产业（谢聪和王强，2022），中国可再生能源产业发展迅速，已成为全球可再生能源发电装机容量和投资规模最大的国家（Wang et al.，2019）。但如前所述，中国可再生能源的开发利用及产业发展仍存在较多问题。其中清洁能源区域供给与需求的不平衡不充分、产业无序发展、产业链效率低下与协同不足等空间组织问题尤为突出。亟须通过空间视角，优化产业要素配置，实现可再生能源的高效利用与产业可持续发展。

从人文-经济地理学视角来看，有效的空间组织是实现产业要素配置高效、地区/部门利益关系协调的重要手段与根本路径（李文彦，1986；陆大道，2001；金凤君，2007）。为此，基于第三～第五章分析结论和文献调查结果，本章总结了中国可再生能源开发利用面临的主要问题，并为中国可再生能源产业实现合理的空间布局和高效的空间组织效益，提供了相关政策建议。

第一节 可再生资源开发及产业发展面临的主要问题

一、可再生资源开发利用供需矛盾突出，碳减排效益不足

中国作为二氧化碳排放量最多的国家，2020 年总排放量接近 99 亿 t，占据世界总排放量的 30.7%[1]。而基于空间视角，二氧化碳排放空间差异显著。所有地级市中，碳排量最大的城市为河北省唐山市，年排放量约为 30 579 万 t，而碳排量最小的城市为西藏自治区的林芝市，总排放量约为 10 万 t[2]，显示出明显的城市差异。从区域尺度来看，这种差异依然巨大。经济发达的东部城市平均二氧化碳排放量为 5717.10 万 t，而同期西部城市平均二氧化碳排放量为 3118.63 万 t，显著低于东部城市。总体来看，城市碳排总量与区域经济水平呈现高度相关性（表 6-1），东中西三大经济地带经济发展水平与碳排放量高度耦合。

---

[1] British Petroleum. 2021. Statistical Review of World Energy. https://www.bp.com/en/global/corporate/energy-economics.Html [2022-12-11].

[2] 中国生态环境部城市温室气体工作组. 2021. 中国城市二氧化碳排放数据集（2020）. http://www.cityghg.com/toArticleDetail?id=203[2022-12-11].

表 6-1　城市碳排放与经济发展水平相关指标平均值统计

城市类型	碳排放 /万 t	人口 /万人	人均 GDP /万元	科教投入 /万元	第三产业 占比 /%	清洁能源消费占比 /%
东部城市	5 717.10	593.02	8.01	1 723 355.70	50.81	9.70
中部城市	3 129.85	409.19	5.67	813 114.90	48.44	10.10
西部城市	3 118.63	337.80	5.55	726 882.20	48.14	23.20
所有地级市	4 009.06	449.00	6.43	1 096 028.00	49.15	14.17

　　但相反，中国清洁能源利用程度（以清洁能源消费与总能源消费的比值衡量）与东中西梯度递减的经济发展水平和碳排放量空间分布格局存在明显差异。2020年，中国地级市的清洁能源消费平均占比约为 14%，低于全球 16.9% 的平均水平，与欧盟（28.9%）和美国（20.0%）存在明显差距[①]。应用自然断点法[图 6-1（a）]和 Getis-Ord Gi*工具[图 6-1（b）]揭示城市清洁能源利用程度的空间分布模式。利用程度较高的城市明显集中在经济发展较慢的西南和西北地区，而较低的城市则集中在长江三角洲、京津冀、山东半岛和华北平原。简而言之，中国城市的清洁能源应用呈现出西高东低的空间分布格局，与经济发展水平[图 6-2（a）]和二氧化碳排放规模[图 6-2（b）]极不协调。

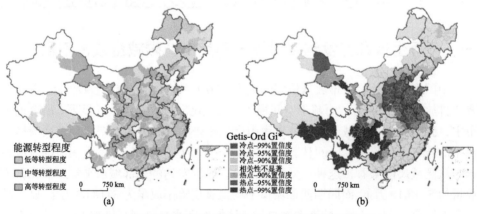

图 6-1　中国城市能源转型水平（a）与空间集聚特征（b）

---

　　① British Petroleum, 2021. Statistical Review of World Energy. https://www.bp.com/en/global/corporate/energy-economics.Html [2022-12-11].

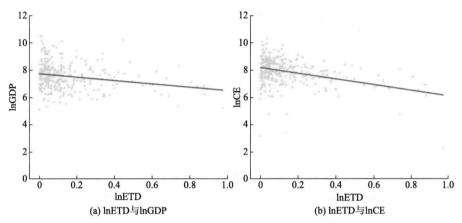

图 6-2　城市清洁能源利用程度（ln ETD）与 GDP（lnGDP）和碳排放（ln CE）相关性散点图

西部城市较高的清洁能源利用程度，与较低的经济水平和能源需求之间存在矛盾，导致大量清洁能源发电弃置（Wang et al.，2019）。而经济发达、能源需求较大的东部城市清洁能源利用程度较差，可再生能源无法替代传统化石能源消费，难以实现真正的低碳发展。现今技术背景下，清洁电力存储，并网以及跨区域调配的高损耗与成本，导致西部城市能源转型成果很难惠及需求较大的东部城市（Wang et al.，2020）。因此高能源转型区域与高能源需求区域的空间失衡干扰了能源转型的实际碳减排效果，2020 年全国可再生能源发电量达 22 154 亿 kW·h，其中实际消纳为 21 613 亿 kW·h，约有 538 亿 kW·h 清洁电力弃置。弃置电力约相当于欧洲国家克罗地亚年度总用电量（132 亿 kW·h）的 4 倍，海南省年度总用电量的 1.65 倍（326 亿 kW·h）。在此背景下，如何协调清洁能源供给侧与需求侧的平衡，规划清洁能源开发与高效利用的合理空间布局，实现能源转型的最优碳减排效果，将成为未来可再生能源开发的重点。

二、清洁电力高成本高损耗，竞争力不足

可再生能源开发成本在过去十年出现大幅下降，虽然与火电相比，清洁电力成本仍相对较高，但差距已不再明显。但在另一个角度，相较火电机组的稳定性，以风电，光伏为代表的可再生能源发电通常具有强随机性、间歇性和波动性，电网难以消纳，年利用时长显著低于火电（表 6-2），大规模并网利用需要配套储能与调峰技术，客观增加了发电成本与损耗（黄强等，2021）。此外，清洁能源设备的高故障率与高维护成本，导致经济效益难以实现，成为产业可持续发展的重要障碍（Schelling et al.，2010）。

表 6-2　按可再生能源类型分类的度电成本及变化趋势

可再生能源类型分类	总装机成本			容量系数/%			平准化度电力成本		
	2010年成本/（美元/kW）	2021年成本/（美元/kW）	百分比变化/%	2010年	2021年	百分比变化/%	2010年成本/[美元/（kW·h）]	2021年成本/[美元/（kW·h）]	百分比变化/%
生物能源	2714	2353	−13	72	68	−6	0.078	0.067	−14
地热	2714	3991	47	87	77	−11	0.050	0.068	36
水力发电	1315	2135	62	44	45	2	0.039	0.048	23
太阳能光伏	4808	857	−82	14	17	21	0.417	0.048	−88
CSP	9422	9091	−4	30	80	167	0.358	0.114	−68
陆上风电	2042	1325	−35	27	39	44	0.102	0.033	−68
海上风电	4876	2858	−41	38	39	3	0.188	0.075	−60

注：CSP 指聚光太阳能热发电（concentrated solar power）的英文缩写

在此背景下，尽管可再生能源装机量快速增长，国家能源局下发一系列文件限制煤电扩张，但火电装机容量仍呈现增长趋势（表 6-3）。这一现象可归因于清洁电力的市场竞争力不足，经济效益的短板限制了环境效益的落实。尽管新增火电项目大多宣称应用最新型脱硫脱硝改造技术，但与可再生能源相比，其环保效益仍然不足。因此，可再生能源开发利用的关键问题是进一步降低设备安装运维成本，真正与火电达到同一成本或更低水平，在实现经济效益的基础上落实环境效益。

表 6-3　2019 年中国电力构成

电源类型	装机容量/ TW	年发电量/（TW·h）	年利用时间/h
火电	1.166	4935.4	4307
核电	0.049	347.8	7394
常规水电	0.328	1302.1	3697
风电	0.209	405.3	2083
光电	0.204	223.7	1291
抽水蓄能	0.03	31.6	1053
其他	0.024	111.1	5181
合计	2.01	7357	—

资料来源：黄强等，2021

三、区域资源配置矛盾，地方协调不足

受限于清洁能源竞争力的不足，以及火电项目强大的经济发展带动作用（Yu et al.，2020）。部分地方政府为保证自身火电厂正常运转和经济发展，不惜设置区域壁垒，阻碍域外清洁电力调入，客观上阻碍了清洁能源的开发利用。如尽管四川外调水电比火电便宜 0.10 元/（kW·h），但陕西因当地火电装机大量过剩拒绝接受四川外调水电，导致四川德阳至陕西宝鸡的德宝直流输电线路在 2016 年丰水期几乎处于闲置状态，大量清洁电力弃置。另如已纳入国家规划的"雅中特高压直流工程"为雅砻江水电外送江西而设计，但因江西计划新增 600 万 kW 的煤电项目，导致原计划 2018～2019 年建成投产的输电项目建设搁置，阻碍了清洁能源的跨区域调配应用（王亦楠，2017）。区域壁垒与地方保护导致清洁能源产业资源要素配置流动受阻，不利于全国层面可持续发展目标的实现。在可再生资源开发建设过程中，如何协调地方利益分配，防止局部利益互相掣肘和抵消，建设统一有序，利益协调，绿色可持续的可再生产业体系，将成为有关政府部门中长期发展规划的关键领域。

四、产业高度集聚，网络密度低且通达性不足

基于本书第四章分析结果，中国可再生能源产业空间格局具有显著的非均衡型特征，核心城市在长三角城市群、环渤海城市群和珠三角城市群集聚，半核心城市和边缘城市呈点状分布，相对分散，彼此联系不足。总体来看，地理邻近性效应下的近距离联系格局现象并不明显，产业链层级联系呈现出跨区域大尺度的特点。这一现象表明，除三大城市群外，可再生能源产业集聚的经济发展带动作用不足，空间影响力较弱，产业链关键配套支持部门地理距离较远，后续发展仍存在较大不确定性。

此外，产业网络发展相对滞后，密度较低且通达性不足，表明产业链网络整体通达性不高，信息传输效率较低，在面对外部改变时的响应速度会较为滞后，要素配置、产业链运转与发展模式转型可能存在应变不足的弊端，这一问题在产业信息化发展的背景下尤为严重。网络中边缘城市数量较多，链接松散，多需要中介城市才能与核心城市取得关联。表明产业链层级联系强度较差，协同合作程度不深，未产生溢出效应，城市间联系缺乏。当面临内部节点结构调整和外部环境压力时，整体韧性较为缺乏。在此背景下，实现可再生能源产业空间布局协调有序，优化调整产业网络结构，有助于可再生能源产业健康发展。

五、供应链和行业标准受制于人，受政策和外部环境影响较大

"薄利多销"是中国可再生能源产品出口的客观标签，这一问题导致产业发展外部环境持续恶化。2012年，欧盟对中国光伏产品反倾销立案调查。2015年，印度启动对中国光伏产品反补贴、反倾销调查。2018年，美国决定对中国出口光伏产品采取为期4年的"全球保障措施"，并征收最高税率达30%的关税。2022年，欧盟宣布向中国输欧光伏产品征收37.2%～67.9%不等的临时反倾销税。而中国虽然在当前全球可再生能源产业中处于技术领先地位，但相较西方国家优势并不明显，因此难以依靠技术优势获取超额利润和稳定的市场份额。

此外，对国外市场的高度依赖，导致国内可再生能源企业价格竞争激烈。2022年，光伏行业组件产能中54%供应国外市场。

基于以上认识，在欧盟碳足迹法案呼之欲出的时间节点下，如何使中国可再生能源产业发挥技术优势，获取稳定市场份额，并在供应链、行业和技术标准制定中获取优势地位，将成为未来产业发展的关键。

第二节　中国可再生能源产业发展优化路径

一、不同类型可再生能源宏观发展目标制定

随着全球对能源低碳转型问题的普遍关注，世界各国纷纷调整自身战略，增加清洁可再生能源的比重。在此过程中，政府政策是可再生能源发展的重要驱动力量，对产业发展具有导向作用。根据《"十四五"可再生能源发展规划》，2025年非化石能源消费占比达到20%，2030年非化石能源消费占比要达到25%左右，这一目标为可再生能源产业发展创造了光明前景。根据研究测算，未来40年中国将实现太阳能发电增长16倍，风能发电增长9倍，核电增加6倍，水电增加1倍，彻底放弃高碳电力生产模式，以清洁能源发电为主导（Mallapaty，2020）。黄强等（2021）则基于情景预测模型对水电利用开发程度、风电及光电开发增速、生物质能发电量、储能电站规模等提出了更加精确的发展目标，以确保实现电力结构的绿色转型目标，构建多元化、清洁化电力生产系统。同时，逐步关停火电，不再规划、立项火电项目，2050年实现全部关停火电。

政府可再生能源类型细分领域宏观发展目标的缺失，客观上导致了资源配置无序，重复建设或投资不足，供求失衡等问题的出现。各种可再生能源类型的中长期宏观发展目标，有利于为产业发展提供基础指导，使可再生能源企业更加明

晰自身角色定位，适配规模与发展前景，从而为资源的优化配置提供基础参考。同时可再生能源发展目标的制定伴随着诸多不确定性，政府根据各地的实际情况进行不同类别政策的制定以推动相关产业的发展。

二、政策扶持与提高产业科技投入

可再生能源产业从研究、设计、试验、示范以及到市场大规模的推广应用均需要一个稳定的、规模逐渐扩大的市场来拉动。当前，我国可再生能源公平竞争的市场环境还不完善。政府应结合可再生能源产业特点，考虑环境外部成本、资源成本等经济因素，在电价、税收等方面制定相应的政策保障措施，使得我国可再生能源市场逐步由政府支持过渡到市场自身机制引导的成熟发展阶段。

建议进一步完善责权分明的政府监督管理体系，逐步健全深化适应可再生能源发展的电力市场机制；加大可再生能源相关政策落实力度，加强对可再生能源电价附加征收、配额交易、电费和补贴结算行为的监管；建立促进可再生能源可持续发展的协调机制，从能源规划、政策法规、标准体系等方面多措并举，统筹可再生能源规划开发、装备制造、监督管理等方面工作；建立自律为主、政策引导为辅的市场管理机制，推动更大规模可再生能源的开发利用，逐步形成可再生能源产业良性循环发展的市场环境[①]。

此外，分析结果显示，可再生能源产业发展与技术水平提升极大依赖于区域科技投入。政府应整合优势资源，基于我国特有的可再生能源资源禀赋和环境条件，围绕资源储量评估、开发适宜性评价，发电系统工程等研究领域中的基础科学问题，积极开展针对性的研究，提升我国可再生能源基础科学领域的研究能力。具体应进一步加强可再生能源技术创新体制机制研究，整合技术力量，建立以市场为导向、企业为主体、国家为基础、产学研结合的多层次技术创新体系。基于现有产业基础，形成支撑可再生能源技术持续进步的研发机制；建立健全可再生能源全产业技术性社会化服务体系，完善人才培养机制；部署一批可再生能源设备制造领域的重大、重点项目，全面掌握设计开发，设备制造，安装运维，并网检测，跨区域输送等关键技术，持续提升可再生能源产业科技水平与市场竞争力[②]。

---

① 国家能源局关于做好 2013 年风电并网和消纳相关工作的通知. https://www.ccchina.org.cn/nDetail.aspx?newsId= 39600&TId=60[2022-12-11].

② 国家能源局关于做好 2013 年风电并网和消纳相关工作的通知. https://www.ccchina.org.cn/nDetail.aspx?newsId= 39600&TId=60[2022-12-11].

三、扩大内需与统一大市场建设

在全球能源低碳转型背景下，中国可再生能源设备需求旺盛，发展前景光明，国内市场能够成为可再生能源产业发展的坚实后盾。因此，采取扩大内需的措施，有利于实现可再生能源产业稳定发展。具体可从消费、投资、供给等方面着手。消费端以"绿色消费优惠，绿色消费补贴"为导向，积极发展绿色低碳消费市场，提高可再生能源产品终端市场份额。推进汽车电动化，充电桩、换电站、加氢站等可再生能源配套设施建设，扩大可再生能源设备应用场景，释放消费潜力。对符合绿色产品标准、标识、认证体系和生态产品价值的可再生能源产品降低税率，加大政府对低碳产品采购力度，设置分布式、分散式家庭清洁能源设备采购补贴与税收优惠政策。投资端加大对民间可再生能源产业的投资支持和引导力度，鼓励民间资本参与可再生能源基础设施，关键领域科技研发等重大工程和补短板领域建设。融资端给予可再生能源相关企业税率和门槛优惠，降低融资难度。供给侧以创新驱动、高质量供给引领和创造新需求为目标，持续提高可再生能源产品技术与质量水平，建立全国统一的强制性国家标准体系，完善产品服务标准。政府加强可再生能源产品质量安全监管，推进质量分级，建设覆盖线上线下的重要产品追溯体系，实施优质服务标识管理制度，促进品质消费。

可再生能源产品扩大内需的另一关键是打破区域壁垒，加速要素资源流动，建立统一大市场。实现这一目标首先需要尽快建立国家层面的可再生能源统筹管理机构，建立跨区域资源开发调配的监管机制，以强有力的纵向管理统筹横向利益。以该机构为主体负责全国范围内可再生电源、电网建设和市场消纳的统筹规划和实施，立足我国能源安全和电力结构调整大局，制定各类电源的中长期发展规划（王亦楠，2017），破除妨碍生产要素市场化配置和商品服务流通的体制机制障碍，降低全社会交易成本。其次，完善公平竞争的市场秩序。在要素获取、准入许可、经营运行、标准制定、招投标、政府采购等方面，对不同区域，不同所有制的可再生能源企业平等对待。建立公平开放透明的竞争规则，构建覆盖事前事中事后全环节的竞争政策实施机制，健全公平竞争审查机制，强化公平竞争审查刚性约束。以高效规范、公平竞争的国内统一大市场，提升可再生能源产业要素市场化配置水平和流通体系，为可再生能源产业发展提供良好的外部环境。

四、加强国际与区域交流合作，持续完善供应链

鼓励可再生能源产业扩大内部市场份额占比，并不意味着放弃国际市场。可再生能源产品走出国门、迈向国际市场带来的不仅是经济效益，更是技术效益，

是中国可再生能源产业可持续发展的助推剂。作为全球最大的可再生能源产品制造与出口国家，积极加强国际交流与合作有利于中国融入全球风电技术创新体系，并促进产业链供应链健康运转。在国际交流中，政府和相关企业需进一步促进可再生能源产业相关的标准、检测、认证与国际接轨。鼓励相关研究机构、高校、企业、行业协会参加国际可再生能源技术标准的制定，提高我国在相关标准制定方面的影响力，争取国际可再生能源全产业链话语权。同时促进我国可再生能源产品检测、认证体系的国际互认，降低流通障碍，提高中国可再生能源产品的国际认可度和流通水平。此外，需巩固和拓展与产业链条中相关国家的供应链合作，共同维护国际产业链供应链稳定运行。对确需开展关键原材料、技术、产品供应链合作的国家和地区，应以目标的关键程度和双边地缘政治关系评价为基础，致力于高质量供应链伙伴关系建设和长周期供给合约签订。同时，应建立适当规模的可再生能源产业关键物资储备基地，以保障特殊情境下产业链的正常运转。

国际交流合作之外，国内分工协作对可再生能源产业健康蓬勃发展至关重要。国内合作需以减少同质化竞争和构建高效产业网络为重点。具体需以跨区域视角，以可再生能源产业链分工为依托，结合区域资源禀赋和经济工业技术条件，各地区编好规划、选准产业，以邻近地域布局互补产业，严格控制相同大区（如东北，西南，中部等）内部同质化企业数量，减少恶性竞争与内部消耗。同时建议以省域或区域为边界，建立区域网络中心，缩短可再生能源产业链中边缘城市与中心城市的路径距离，提高物资流通，信息传输的效率和水平。产业空间应形成分布式，多层次，功能互补的网络结构，以长三角、京津冀、珠三角以及可再生能源基地城市为核心，增强产业网络韧性，提升可再生能源产业布局的集聚规模效益，并增强对邻近地理空间经济发展的带动能力，形成一批以可再生能源为支柱产业和主导产业的新型城市。对于国内可再生能源产业供应链建设，需要持续补链强链，基于区域区位条件、资源禀赋、发展基础，健全物资供应基础支撑体系，构建分区协作，功能协调的供应链生态环境，保证可再生能源国内产业链能够独立循环运转。

五、大型基地与分布式小型设施协同建设，风光水组合式发展

对于可再生资源开发和可再生能源产业的空间布局优化，建议以国家重大战略为导向，以区域资源禀赋和能源结构为基础，大型清洁能源基地与分布式小型清洁能源设施协同建设。虽然中国是世界最大的水能利用国家，但目前开发程度仅为39%，距离发达国家80%以上的水平仍存在较大差距。在中国地形一二阶梯交互处的西南各省，地表径流量丰富，地形高差明显，水电仍存在较大的开发潜

力。而西北、华北、东北的广大的沙漠、戈壁、荒漠地区，无人居住，且太阳能和风能资源尤为丰富。东部广大的海洋区域临近高能源需求区域，风力资源丰富。以上地区具备建设大型清洁能源基地的资源禀赋，我国"十四五"期间规划的九大清洁能源基地（松辽清洁能源基地、冀北清洁能源基地、黄河几字弯清洁能源基地、河西走廊清洁能源基地、黄河上游清洁能源基地、新疆清洁能源基地、金沙江上游清洁能源基地、雅砻江流域清洁能源基地和金沙江下游清洁能源基地）和四大海上风电基地（浙江、福建、江苏、山东）也主要位于此范围内。大型清洁能源基地建设能够有效促进可再生能源高比例、高质量、低成本、市场化发展，是构建新型清洁低碳电力系统的重要抓手。

但不可否认的是，大型能源基地主要分布于经济发展相对滞后，能源需求规模较小的西部区域，在当前清洁电力跨区域输送能力总体不足的背景下，西部大型清洁能源基地对东中部高能源需求城市的辐射有限。因此，对于东中部地区，大型能源基地建设的基础条件不足，可以考虑在局部山地和农村，以家庭为单位，布局小型分布式光伏设备、分散式风电设备等清洁能源设施。据测算，2025 年我国分布式光伏技术可开发潜力为 14.9 亿 kW，占我国当前发电装机容量的 60%，其中国网经营的中东部地区的技术可开发潜力为 8.7 亿 kW。分布式设施具有能效利用合理、损耗小、污染少、运行灵活，系统经济性好等优点，发展分布式清洁设施可以就地解决中东部地区相当一部分新增电力需求，也可有效提升东中部城市清洁能源消费水平。

而在清洁能源开发利用中，可考虑风光水的组合式发展路径。风能与太阳能存在天然的季节互补性，风能资源在冬季较丰富，夏季较匮乏；而太阳能在冬季较匮乏，夏季则较丰富，风、光能资源的季节互补性能够一定程度上稳定可再生能源大开发区域的电力生产（黄强等，2021）。而水电机组具有启闭速度快、出力可调性强等优点，是平抑风能、光伏随机波动性的理想电源。近年来的实践证明，水-风-光-储联合运行，能够很好地满足电力生产中清洁能源稳定性需求（Ming et al., 2018；Zhang et al., 2019）。除常规水电之外，抽水蓄能发电不受河川径流变化影响，调节能力更强，能够为电网安全运行提供重要的容量支撑（程春田，2021）。因此风光水的组合式发展模式，能够有效适应风电和太阳能强随机性、间歇性和波动性的特点，为清洁能源转型背景下的稳定电力供应贡献力量。

六、持续加强可再生能源电力消纳和跨区输送能力建设

可再生能源电力消纳是产业循环的最后一环，也是实现能源低碳转型目标的关键一步。但在中国可再生能源大规模开发的背景下，弃风弃光问题严重，极大

地干扰了可再生能源开发的实际效果，持续加强可再生能源电力消纳和跨区输送能力建设，成为实现可再生能源高效利用的唯一选择。在持续推进相关技术进步之外，建议通过以下方式提高清洁电力消纳与输送水平。

（1）特高压输电线路建设。据测算，大型风光基地和九大可再生能源基地建设在"十四五"期间将新增装机 3.61 亿 kW，是 2021 年底总装机容量的 2.28 倍。"十四五"期间东北、蒙西山西地区、西北和西南共需要新增 12 条特高压直流线路才能满足新增装机的外送需求，预计投资额约 2600 亿元（严灏，2022）。通过特高压输电线路建设将高能源供给区域（西部）与高能源需求区域（东中部）联系起来，是最可靠最有效的电力消纳措施，有利于实现清洁能源供给侧与需求侧的平衡。但在当前技术背景下，特高压输电线路的高建设成本，成为这一措施大范围采用的重要障碍。

（2）火电灵活性改造。火电灵活性改造是指对已建成的煤电机组通过热电解耦、低压稳燃等技术改造，将其最小稳定出力降至 20%～30%的额定容量。在技术层面，火电原则上具备秒级以上全时间尺度调节能力，通过灵活性改造，能够积极参与调峰服务，弥补电网调节能力严重不足的短板（潘尔生等，2020；邹徐欢等，2022）。此外，火电灵活性改造具有性价比高、周期短、改造效果好等优势（严灏，2022）。我国煤电灵活性改造已经得到试点发展，但改造规模仍然不足，灵活性潜力没有完全释放。根据国家能源局和发改委联合印发的《关于开展全国煤电机组改造升级的通知》，"十四五"期间我国将完成煤电机组灵活性改造，改造机组总发电容量达 2 亿 kW，可增加系统调节能力 3000 万～4000 万 kW。在对煤电机组进行灵活性改造之外，还可以增加燃气机组作为调峰电源。与燃煤机组相比，燃气机组启停时间短、爬坡速率快、供电效率高，从调节特性来看是最佳的调峰电源。未来面对高比例可再生能源的电力系统，仅靠火电改造难以支撑中长期电力系统灵活性提升，气电将为电力系统灵活性提供有效保障。

（3）储能设施建设。储能设备可以起到平滑电力供给和需求曲线、为电网调峰调频的作用。2021 年以来，已经有 20 多个省份陆续在可再生能源上网等相关文件中提出了对储能配套的具体要求，如海南省在 2022 年度集中式光伏平价上网项目的事项安排中就明确规定，需要同步配套建设不低于 10%的储能装置。未来随着可再生能源基地的大规模建设，储能装置的需求量将巨大增长。

（4）绿电市场化交易制度。2021 年 9 月，我国通过开展绿色电力专场交易，对参与绿色电力交易的可再生能源发电主体核发绿证，在流通环节将拥有绿色属性标识和权益凭证的产品直接赋予绿色电力产品，实现绿证和绿电的同步流转，从而充分还原绿色电力的商品属性。目前，浙江、江苏、广东等地已开展绿色电力交易试点工作。随着绿色电力市场交易的常态化开展及相关机制的逐步建立，越来越多的可再生能源将在绿色电力市场上进行交易，必将进一步提高绿色电力的消纳水平，促进可再生能源的发展（陈向国，2021，邹徐欢等，2022）。

（5）扩大绿色电源需求侧规模。对于西部清洁能源输送能力建设滞后的区域，可考虑布局高耗能产业，提升区域电力需求。如可考虑数据中心，储能中心等无污染高耗能产业的优先布局，同时可在区域生态环境承载力范围内，承接中东部地区高耗能产业转移，就地消纳清洁能源电力。此外，需持续增加可再生能源汽车的社会认可度，从消费终端增加清洁电力需求。

（6）电力调度预测技术。先进的风光预测及调度运行技术可以减轻电网的调控负担。在德国，专业机构会提供基于天气预报的可再生能源功率预测向电网公司以及电力需求者售卖。通过提前数分钟到数天对可再生能源输出进行预测，并对此进行精确建模和预先调度，可以减轻电力市场的调控负担，提高清洁电力使用水平。

参 考 文 献

安海忠, 陈玉蓉, 方伟, 等. 2013. 国际石油贸易网络的演化规律研究: 基于复杂网络理论[J]. 数学的实践与认识, 43（22）: 57-64.

蔡丽茹, 吴昕晖, 杜志威. 2022. 环境友好型农业技术扩散的时空演化与影响因素: 基于社会网络视角[J]. 地理研究, 41（1）: 63-78.

蔡萍, 王强. 2022. 中国水能资源产业创新水平演变特征及影响因素分析[J]. 资源开发与市场, 38（10）: 1183-1189.

蔡善柱, 陆林. 2019. 中国国家级经济技术开发区及其产业空间格局演化: 基于地级及以上市面板数据实证研究[J]. 地理科学, 39（3）: 415-423.

陈伟, 刘卫东, 柯文前, 等. 2017. 基于公路客流的中国城市网络结构与空间组织模式[J]. 地理学报, 72（2）: 224-241.

陈向国. 2021. 绿电市场化交易 引导绿电起航新征程[J]. 节能与环保, （10）: 24-25.

陈肖飞, 杨洁辉, 王恩儒, 等. 2020. 基于汽车产业供应链体系的中国城市网络特征研究[J]. 地理研究, 39（2）: 370-383.

程春田. 2021. 碳中和下的水电角色重塑及其关键问题[J]. 电力系统自动化, 45（16）: 29-36.

程中海, 南楠, 张亚如. 2019. 中国石油进口贸易的时空格局、发展困境与趋势展望[J]. 经济地理, 39（2）: 1-11.

种照辉, 姜信洁, 何则. 2022. 国际能源贸易依赖网络特征及替代关系研究: 化石能源与可再生能源[J]. 地理研究, 41（12）: 3214-3228.

邸元, 刘晓鸥. 2011. 中国风电产业链的垂直结构研究[J]. 中国人口·资源与环境, 21（4）: 95-99.

丁刚, 黄杰. 2012. 区域战略性新兴产业的产业链图谱表达方式研究: 以福建省光伏产业为例[J]. 中国石油大学学报（社会科学版）, 28（3）: 24-27.

丁仲礼. 2021. 中国碳中和框架路线图研究[J]. 中国工业和信息化, 37（8）: 54-61.

段德忠, 谌颖, 杜德斌. 2019. 技术转移视角下中国三大城市群区域一体化发展研究[J]. 地理科学, 39（10）: 1581-1591.

段德忠, 杜德斌, 谌颖, 等. 2018. 中国城市创新技术转移格局与影响因素[J]. 地理学报, 73（4）: 738-754.

樊杰. 2007. 解析我国区域协调发展的制约因素: 探究全国主体功能区规划的重要作用[J]. 中国科学院院刊, 22（3）: 194-201.

樊杰. 2021. 我国经济地理学历史沿革、现状特征与发展策略[J]. 经济地理, 41（10）: 10-15.

樊杰, 刘汉初. 2016. "十三五"时期科技创新驱动对我国区域发展格局变化的影响与适应[J]. 经济地理, 36（1）: 1-9.

樊杰, 赵艳楠. 2021. 面向现代化的中国区域发展格局: 科学内涵与战略重点[J]. 经济地理, 41（1）: 1-9.

高超, 金凤君. 2015. 沿海地区经济技术开发区空间格局演化及产业特征[J]. 地理学报, 70（2）: 202-213.

关皓明, 杨青山, 浩飞龙, 等. 2021. 基于"产业-企业-空间"的沈阳市经济韧性特征[J]. 地理学报, 76（2）: 415-427.

韩梦玮, 李双琳. 2020. "一带一路"海洋能源产品贸易网络结构特征及社团分布研究[J]. 经济地理, 40（10）: 108-117.

韩梦瑶, 熊焦, 刘卫东. 2022. 中国光伏发电的时空分布、竞争格局及减排效益[J]. 自然资源学报, 37（5）: 1338-1351.

韩品尚. 2014. 基于技术预见的山东省新能源产业发展研究[D]. 济南: 山东财经大学.

何舜辉, 杜德斌, 焦美琪, 等. 2017. 中国地级以上城市创新能力的时空格局演变及影响因素分析[J]. 地理科学, 37（7）: 1014-1022.

何则, 杨宇, 刘毅, 等. 2019. 世界能源贸易网络的演化特征与能源竞合关系[J]. 地理科学进展, 38（10）: 1621-1632.

贺灿飞, 潘峰华. 2005. 外部集聚经济、外资溢出效应与制造业企业效率[J]. 产业经济研究, （3）: 8-15.

贺灿飞, 潘峰华. 2007. 产业地理集中、产业集聚与产业集群: 测量与辨识[J]. 地理科学进展, 26（2）: 1-13.

贺灿飞, 谢秀珍. 2006. 中国制造业地理集中与省区专业化[J]. 地理学报, 61（2）:212-222.

赫希曼. 1991. 经济发展战略[M]. 曹征海, 潘照东译. 北京: 经济科学出版社.

侯纯光, 程钰, 任建兰, 等. 2016. 中国创新能力时空格局演变及其影响因素[J]. 地理科学进展, 35（10）: 1206-1217.

侯纯光, 杜德斌, 刘承良, 等. 2019. 全球人才流动网络复杂性的时空演化: 基于全球高校留学生流动数据[J]. 地理研究, 38（8）: 1862-1876.

胡森林, 曾刚, 刘海猛, 等. 2021. 中国省级以上开发区产业集聚的多尺度分析[J]. 地理科学, 41（3）: 407-415.

胡绪华, 时方艳, 徐骏杰. 2015. 基于产业链视角的我国风电设备产业商业模式创新研究[J]. 中国工程科学, 17（3）: 88-95.

黄强, 郭怿, 江建华, 等. 2021. "双碳"目标下中国清洁电力发展路径[J]. 上海交通大学学报, 55: 1499-1509.

黄晓东, 马海涛, 苗长虹. 2021. 基于创新企业的中国城市网络联系特征[J]. 地理学报, 76（4）: 835-852.

黄晓东, 马海涛, 苗长虹. 2021. 基于创新企业的中国城市网络联系特征[J]. 地理学报, 76（4）: 835-852.

季佳雯. 2016. 基于复杂网络理论的国际光伏贸易竞争格局及中国光伏市场研究[D]. 镇江: 江苏大学.

杰里菲 G. 2017. 全球价值链和国际发展理论框架、研究发现和政策分析[M]. 曹文, 李可译. 上海: 上海人民出版社.

金凤君. 2007. 空间组织与效率研究的经济地理学意义[J]. 世界地理研究, 16（4）: 55-59.

井志忠. 2007. 日本新能源产业的发展模式[J]. 日本学论坛, （1）: 74-79.

李德瑜. 2012. 中国光伏产业发展及区位特征研究[C]. 郑州: 中国地理学会 2012 年学术年会学术论文摘要集.

李德瑜, 邹沛思, 贺灿飞. 2014. 中国风电设备制造业发展与空间格局研究[J]. 地理科学进展, 33（9）: 1187-1197.

李俊江, 王宁. 2019. 中国能源转型及路径选择[J]. 行政管理改革, （5）: 65-73.

李鲁奇, 孔翔. 2022. "第四次创业"中开发区跨界联系的网络特征与微观机制[J]. 地理研究, 41（10）: 2648-2662.

李明, 傅斌, 王玉宽, 等. 2015. 岷江上游水电开发特点及其空间格局分析[J]. 长江流域资源与环境, 24（1）: 74-80.

李启航, 黄璐, 张少辉. 2021. 国家高新区设立能够提升城市全要素生产率吗? ——基于 261 个地级市 TFP 分解数据的路径分析[J]. 南方经济, （3）: 54-72.

李文彦. 1986. 我国工业地理学研究的回顾与展望[J]. 地理学报, 41（4）: 370-379.

李文彦. 1990. 中国工业地理[M]. 北京: 科学出版社.

李小建. 1997. 新产业区与经济活动全球化的地理研究[J]. 地理科学进展, 16（3）: 18-25.

李小建, 苗长虹. 2004. 西方经济地理学新进展及其启示[J]. 地理学报, 59（S1）: 153-161.

李彦普, 周建强. 2017. 可再生能源产业融入能源互联网的路径研究: 以河南省为例[J]. 资源与产业, 19（5）: 31-36.

林伯强. 2009. 如何认识进一步的能源改革?[J]. 中国中小企业, （12）: 55.

林伯强, 杨梦琦. 2022. 碳中和背景下中国电力系统研究现状、挑战与发展方向[J]. 西安交通大学学报（社会科学版）, 42（5）: 1-10.

林伯强, 占妍泓, 孙传旺. 2022. 面向碳中和的能源供需双侧协同发展研究[J]. 治理研究, 38(3): 24-34, 125.

刘承良, 牛彩澄. 2019. 东北三省城际技术转移网络的空间演化及影响因素[J]. 地理学报, 74（10）: 2092-2107.

刘军. 2004. 社会网络分析导论[M]. 北京: 社会科学文献出版社.

刘立程, 孙中孝, 吴锋, 等. 2022. 京津冀地区光伏开发空间适宜性及减排效益评估[J]. 地理学报, 77 (03): 665-678.

刘树峰, 杜德斌, 覃雄合, 等. 2018. 中国沿海三大城市群企业创新时空格局与影响因素[J]. 经济地理, 38 (12): 111-118.

刘同良. 2012. 中国可再生能源产业区域布局战略研究: 基于制度创新的视角[D]. 武汉: 武汉大学.

刘泽森, 黄贤金, 卢学鹤, 等. 2022. 共享社会经济路径下中国碳中和路径预测[J]. 地理学报, 77 (9): 2189-2201.

刘铮, 王世福, 赵渺希, 等. 2013. 有向加权型城市网络的探索性分析[J]. 地理研究, 32 (7): 1253-1268.

陆大道. 2001. 论区域的最佳结构与最佳发展: 提出"点-轴系统"和"T"型结构以来的回顾与再分析[J]. 地理学报, 56 (2): 127-135.

陆大道, 郭来喜. 1998. 地理学的研究核心: 人地关系地域系统: 论吴传钧院士的地理学思想与学术贡献[J]. 地理学报, 53 (2): 3-11.

吕拉昌, 梁政骥, 黄茹. 2015. 中国主要城市间的创新联系研究[J]. 地理科学, 35 (1): 30-37.

波特 ME. 2005. 竞争优势[M]. 陈小悦, 译. 北京: 华夏出版社.

满姗, 杨永春, 曾通刚, 等. 2021. 中国西部跨境城市网络空间结构与影响因素[J]. 地理科学, 41 (4): 674-683.

毛爱涵, 李发祥, 杨思源, 等. 2021. 青海省清洁能源发电潜力及价值分析[J]. 资源科学, 43 (1): 104-121.

宓泽锋, 尚勇敏, 徐维祥, 等 2022. 长三角创新产学合作与企业创新绩效: 尺度与效应[J]. 地理研究, 41 (3): 647-662.

聂春祺. 2018. 基于企业组织网络的泛长三角地区城市网络结构演变研究[D]. 上海: 华东师范大学.

牛立超. 2011. 战略性新兴产业发展与演进研究[D]. 北京: 首都经济贸易大学.

潘尔生, 田雪沁, 徐彤, 等. 2020. 火电灵活性改造的现状、关键问题与发展前景[J]. 电力建设, 41: 58-68.

齐玮, 董文静, 高歌. 2022. 双碳目标下全球风电设备贸易网络格局演变分析[J]. 工业技术经济, 41 (8): 109-115.

钱玉杰. 2013. 我国水电的地理分布及开发利用研究[D]. 兰州: 兰州大学.

秦虹. 2021-03-11. 新能源+储能力推"3060"目标实现[N]. 中国电力报, (006).

曲建升, 陈伟, 曾静静, 等. 2022. 国际碳中和战略行动与科技布局分析及对我国的启示建议[J]. 中国科学院院刊, 37 (4): 444-458.

任龙. 2011. 外商直接投资对我国服务业的影响[J]. 商业经济,（18）: 63-64.

任志远, 李强. 2008. 1978 年以来中国能源生产与消费时空差异特征[J]. 地理学报, 63（12）: 1318-1326.

沈又幸, 范艳霞. 2009. 基于动态成本模型的风电成本敏感性分析[J]. 电力需求侧管理, 11（2）: 15-17, 20.

石超. 2022. 碳中和背景下可再生能源促进的竞争法路径[J]. 中国人口·资源与环境, 32（5）: 23-33.

帅竞, 成金华, 冷志惠, 等. 2018. "一带一路"背景下中国可再生能源产品国际竞争力研究[J]. 中国软科学,（7）: 21-38

苏屹, 郭家兴, 王文静. 2021. 多维邻近性下新能源合作创新网络演化研究[J]. 科研管理, 42（8）: 67-74.

孙勇, 樊杰, 刘汉初, 等. 2022. 长三角地区数字技术创新时空格局及其影响因素[J]. 经济地理, 42（2）: 124-133.

孙志晶. 2020. 基于多元视角的长三角地区城市网络结构研究[D]. 上海: 华东师范大学.

谭显春, 郭雯, 樊杰, 等. 2022. 碳达峰、碳中和政策框架与技术创新政策研究[J]. 中国科学院院刊, 37（4）: 435-443.

檀勤良, 罗开颜, 张充, 等. 2015. 我国风电产业链垂直整合中的利益分配策略研究[J]. 华北电力大学学报（自然科学版）, 42（3）: 90-96.

唐永伟, 唐将伟, 熊建华. 2021. 城市创新空间发展的时空演进特征与内生逻辑: 基于武汉市 2827 家高新技术企业数据的分析[J]. 经济地理, 41（1）: 58-65.

陶银海. 2019. 我国新能源产业发展的资本市场支持机制研究[D]. 兰州: 兰州大学.

童昕, 王涛, 李沐. 2017. 无锡光伏产业链中的全球-本地联系[J]. 地理科学, 37（12）: 1823-1830.

汪涛, 李丹丹. 2011. 知识网络空间结构演化及对 NIS 建设的启示: 以中国生物技术知识为例[J]. 地理研究, 30（10）: 1861-1872.

王缉慈, 李鹏飞, 陈平. 2007. 制造业活动地理转移视角下的中国产业集群问题[J]. 地域研究与开发, 26（5）: 1-5.

王建芳, 苏利阳, 谭显春, 等. 2022. 主要经济体碳中和战略取向、政策举措及启示[J]. 中国科学院院刊, 37（4）: 479-489.

王建康, 谷国锋, 姚丽, 等. 2016. 中国新型城镇化的空间格局演变及影响因素分析: 基于 285 个地级市的面板数据[J]. 地理科学, 36（1）: 63-71.

王姣娥, 景悦. 2017. 中国城市网络等级结构特征及组织模式: 基于铁路和航空流的比较[J]. 地理学报, 72（8）: 1508-1519.

王强, 樊杰, 伍世代. 2014. 1990-2009 年中国区域能源效率时空分异特征与成因[J]. 地理研究, 33（1）: 43-56.

王强, 郑颖, 伍世代, 等. 2011. 能源效率对产业结构及能源消费结构演变的响应[J]. 地理学报, 66（6）: 741-749.

王少剑, 苏泳娴, 赵亚博. 2018. 中国城市能源消费碳排放的区域差异、空间溢出效应及影响因素[J]. 地理学报, 73（3）: 414-428.

王晓宁. 2008. 中国太阳能光伏产业链剖析及其对产业的影响[J]. 电器工业, 7: 44-45.

王怡, 支彤. 2021-03-31. 推动可再生能源成为碳达峰碳中和主力军[N]. 中国电力报,（002）.

王亦楠. 2017. 推进"能源革命"需要深化供给侧结构性改革[J]. 中国经济周刊, 8: 75-79.

王振波, 梁龙武, 王旭静. 2019. 中国城市群地区 $PM_{2.5}$ 时空演变格局及其影响因素[J]. 地理学报, 74（12）: 2614-2630.

王正明. 2010. 中国风电产业的演化与发展[M]. 镇江: 江苏大学出版社.

魏后凯, 邬晓霞. 2010. 我国区域政策的科学基础与基本导向[J]. 经济学动态,（2）: 57-61.

魏素豪, 李晶, 李泽怡, 等. 2020. 中国农业竞争力时空格局演化及其影响因素[J]. 地理学报, 75（6）: 1287-1300.

文嫣, 曾刚. 2004. 嵌入全球价值链的地方产业集群发展-地方建筑陶瓷产业集群研究[J]. 中国工业经济,（6）: 36-42.

吴爱萍, 张晓平, 宋现锋, 等. 2022. 2000—2019 年全球核电设备贸易网络结构及其影响因素[J]. 经济地理, 42（7）: 126-134, 194.

吴传钧. 1991. 论地理学的研究核心: 人地关系地域系统[J]. 经济地理, 11（3）: 1-6.

吴金明, 邵昶. 2006. 产业链形成机制研究: "4+4+4" 模型[J]. 中国工业经济,（4）: 36-43.

吴金明, 钟键能, 黄进良. 2007. "龙头企业"、"产业七寸"与产业链培育[J]. 中国工业经济,（1）: 53-60.

吴康, 方创琳, 赵渺希. 2015. 中国城市网络的空间组织及其复杂性结构特征[J]. 地理研究, 34（4）: 711-728.

吴昱, 边永民. 2013. 新能源产业链激励政策及其补贴合规性: 以太阳能光伏产业为例[J]. 求索,（4）: 1-4.

夏四友, 杨宇. 2022. 基于主体功能区的京津冀城市群碳收支时空分异与碳补偿分区[J]. 地理学报, 77（3）: 679-696.

谢聪, 王强. 2022. 中国新能源产业技术创新能力时空格局演变及影响因素分析[J]. 地理研究, 41（1）: 130-148.

谢建民, 曾建成, 邱毓昌. 2003. 风力发电成本主要影响因素分析与计算[J]. 华东电力, 31（1）: 6-8, 68.

谢祥, 汝鹏, 苏竣, 等. 2011. 中国风电装备制造技术创新模式演进及政策动因[J]. 煤炭经济研究, 31（4）: 10-14, 17.

熊伟, 严丹霖. 2015. 中国风电产业区域空间格局及成因分析[J]. 开发研究,（2）: 149-152.

熊瑶. 2019. 中国绿色技术协同创新网络特征及影响因素研究[D]. 上海: 华东师范大学.

许汉平, 李姚旺, 苗世洪, 等. 2017. 考虑可再生能源消纳效益的电力系统"源-荷-储"协调互动优化调度策略[J]. 电力系统保护与控制, 45（17）: 18-25.

许佳琪. 2020. 全球技术贸易网络的时空演化及其影响机制[D]. 上海: 华东师范大学.

薛风平. 2010. 区域创新能力测评与提升机制研究[M]. 青岛: 中国海洋大学出版社.

严灏. 2022. 新能源电力消纳与我国新型电力系统建设[J]. 工程经济, 32（12）: 71-74.

杨帆, 柴艺娜. 2010. 中国风电设备制造企业区位布局及其影响因素[J]. 甘肃科技, 26（23）: 6-8.

杨文龙, 杜德斌, 游小珺, 等. 2017. 世界跨国投资网络结构演化及复杂性研究[J]. 地理科学, 37（9）: 1300-1309.

杨宇. 2022. 中国与全球能源网络的互动逻辑与格局转变[J]. 地理学报, 77（2）: 295-314.

杨宇, 任亚文. 2023. "组织-贸易"视角下全球能源治理网络的基本结构及其边界重构[J]. 地理研究, 42（1）: 1-16.

杨雨, 盛科荣. 2021. 中国城市网络关联格局的演变及影响因素: 基于企业网络视角[J]. 世界地理研究, 30（6）: 1208-1218.

于贵瑞, 郝天象, 朱剑兴. 2022. 中国碳达峰、碳中和行动方略之探讨[J]. 中国科学院院刊, 37（4）: 423-434.

余东华, 吕逸楠. 2015. 政府不当干预与战略性新兴产业产能过剩: 以中国光伏产业为例[J]. 中国工业经济, 10: 53-68.

张鸿宇, 黄晓丹, 张达, 等. 2021. 加速能源转型的经济社会效益评估[J]. 中国科学院院刊, 36（9）: 1039-1048.

张侃. 2021. 碳中和背景下光伏新能源产业发展研究[J]. 现代商业, （9）: 47-49.

张诗卉, 李明煜, 王灿, 等. 2021. 中国省级碳排放趋势及差异化达峰路径[J]. 中国人口·资源与环境, 31（9）: 45-54.

张伟, 吴文元. 2011. 产业链: 一个文献综述[J]. 山东经济, 27（5）: 40-46.

张伟涛, 冯蛟杰. 2012. 关于新能源概念界定的探讨[J]. 商品与质量, （S5）: 308.

张希良, 黄晓丹, 张达, 等. 2022. 碳中和目标下的能源经济转型路径与政策研究[J]. 管理世界, 38（1）: 35-66.

张晓娣, 刘学悦. 2015. 征收碳税和发展可再生能源研究: 基于 OLG-CGE 模型的增长及福利效应分析[J]. 中国工业经济, （3）: 18-30.

张晓平, 陆大道, 陈明星, 等. 2021. 世界核电工业发展及地理格局综合解析[J]. 地理研究, 40（3）: 673-688.

张永年, 潘竞虎. 2019. 基于 DMSP/OLS 数据的中国碳排放时空模拟与分异格局[J]. 中国环境科学, 39（4）: 1436-1446.

赵霄伟. 2014. 环境规制, 环境规制竞争与地区工业经济增长: 基于空间 Durbin 面板模型的实证研究[J]. 国际贸易问题, （7）: 82-92.

赵梓渝, 魏冶, 王士君, 等. 2017. 有向加权城市网络的转变中心性与控制力测度: 以中国春运人口流动网络为例[J]. 地理研究, 36（4）: 647-660.

中华人民共和国国务院新闻办公室. 2020-12-22. 新时代的中国能源发展[N]. 人民日报, （010）.

周晓艳, 侯美玲, 李霄雯. 2020. 独角兽企业内部联系视角下中国城市创新网络空间结构研究[J]. 地理科学进展, 39（10）: 1667-1676.

朱向东, 贺灿飞, 毛熙彦, 等. 2018. 贸易保护背景下中国光伏产业空间格局及其影响因素[J]. 经济地理, 38（3）: 98-105.

宗会明, 吕瑞辉. 2020. 基于物流企业数据的 2007-2017 年中国城市网络空间特征及演化[J]. 地理科学, 40（5）: 760-767.

邹徐欢, 张阳玉, 王琪媛, 等. 2022. "双碳"目标下市场主体促进绿色电力消纳机制研究[J]. 低碳世界, 12: 122-24.

Barrington-Leigh C, Ouliaris M. 2017. The renewable energy landscape in Canada: A spatial analysis[J]. Renewable and Sustainable Energy Reviews, 75: 809-819.

Bathelt H, Li P F. 2014. Global cluster networks-Foreign direct investment flows from Canada to China[J]. Journal of Economic Geography, 14（1）: 45-71.

Bhattarai U, Devkota L P, Marahatta S, et al. 2022. How will hydro-energy generation of the Nepalese Himalaya vary in the future? A climate change perspective[J]. Environmental Research, 214: 113746.

Calvert K. 2016. From 'energy geography' to 'energy geographies'[J]. Progress in Human Geography, 40（1）: 105-125.

Castells M. 1996. The Rise of the Network Society[M]. Oxford: Blackwell.

Chiaroni D, Chiesa M, Chiesa V, et al. 2015a. An analysis of supply chains in renewable energy industries: A survey in Italy //Cucchiella F, Koh L.Sustainable Future Energy Technology and Supply Chains[M]. Cham: Springer, 47-71.

Chiaroni D, Chiesa V, Frattini F, et al. 2015b. Implementing open innovation: A case study in the renewable energy industry[J]. International Journal of Technology Intelligence and Planning, 10（3/4）: 195.

Corsatea T D. 2016. Localised knowledge, local policies and regional innovation activity for renewable energy technologies: Evidence from Italy[J]. Papers in Regional Science, 95（3）: 443-466.

Cucchiella F, D'Adamo I. 2013. Issue on supply chain of renewable energy[J]. Energy Conversion and Management, 76（30）: 774-780.

Dai H, Xie X, Xie Y, et al. 2016. Green growth: The economic impacts of large-scale renewable energy development in China[J]. Applied Energy, 162: 435-449.

Davidson D J. 2019. Exnovating for a renewable energy transition[J]. Nature Energy, 4（4）: 254-256.

de Laurentis C D, Pearson P J G. 2018. Understanding the material dimensions of the uneven deployment of renewable energy in two Italian regions[J]. Energy Research & Social Science, 36: 106-119.

Debbage K G, Kidd J F. 2011. Renewable energy in north Carolina: The potential supply chain and connections to existing renewable and energy efficiency firms[J]. Southeastern Geographer, 51(1): 69-88.

Dickson K. 1982. Industrial innovation and public policy: Preparing for the 1980s and the 1990s[J]. Telecommunications Policy, 6（2）: 149-150.

Dong L, Liang H, Gao Z, et al. 2016. Spatial distribution of China's renewable energy industry: Regional features and implications for a harmonious development future[J]. Renewable and Sustainable Energy Reviews, 58（4）: 1521-1531.

Elia J A, Floudas C A. 2014. Energy supply chain optimization of hybrid feedstock processes: A review[J]. Annual Review of Chemical and Biomolecular Engineering, 5（1）: 147-179.

Fouquet R. 2016. Historical energy transitions: Speed, prices and system transformation[J]. Energy Research & Social Science, 22: 7-12.

Gao X, Rai V. 2019. Local demand-pull policy and energy innovation: Evidence from the solar photovoltaic market in China[J]. Energy Policy, 128: 364-376.

Garlet T B, Ribeiro J L D, de Souza Savian F, et al. 2020. Value chain in distributed generation of photovoltaic energy and factors for competitiveness: A systematic review[J]. Solar Energy, 211: 396-411.

Geng B, Zhang X L, Liang Y, et al. 2016. Do favorable land price policy affect renewable energy industry? Evidence from photovoltaics[J]. Journal of Cleaner Production, 119: 187-195.

Gereffi G. 1996. Global commodity chains: new forms of coordination and control among nations and firms in international industries[J]. Competition & Change, 1（4）: 427-439.

Hil Baky M A, Rahman M M, Islam A K M S. 2017. Development of renewable energy sector in Bangladesh: Current status and future potentials[J]. Renewable & Sustainable Energy Reviews, 73: 1184-1197.

Hipp A, Binz C. 2020. Firm survival in complex value chains and global innovation systems: Evidence from solar photovoltaics[J]. Research Policy, 49（1）: 103876.

Hu X, Guo Y, Zheng Y, et al. 2022 Which types of policies better promote the development of renewable energy? Evidence from China's provincial data[J]. Renewable Energy, 198: 1373-1382.

Inglesi-Lotz R. 2015. The impact of renewable energy consumption to economic growth: A panel data application[J]. Energy Economics, 53: 58-63.

IPCC（Intergovernmental Panel on Climate Change）. 2011.Special Report on Renewable Energy Sources and Climate Change Mitigation[DB/OL]. https://www.ipcc.ch/reports/[2022-9-10].

Jo J H, Aldeman M R, Loomis D G. 2018. Optimum penetration of regional utility-scale renewable energy systems[J]. Renewable Energy, 118: 328-334.

Kalkuhl M, Steckel J C, Montrone L, et al. 2019. Successful coal phase-out requires new models of development[J]. Nature Energy, 4（11）: 897-900.

Krugman P, Cooper R N, Srinivasan T N. 1995. Growing world trade: causes and consequences[J]. Brookings Papers on Economic Activity, 26（1）: 327.

Li J M, Dong X C, Jiang Q Z, et al. 2021. Natural gas trade network of countries and regions along the belt and road: Where to go in the future?[J]. Resources Policy, 71: 101981.

Lin B, Luan R. 2020. Do government subsidies promote efficiency in technological innovation of China's photovoltaic enterprises?[J]. Journal of Cleaner Production, 254: 120108.

Liu Z L, He S G, Li W T, et al. 2023. Does green credit reduce carbon emissions? Evidence from China[J]. Environmental Science and Pollution Research, 30（10）: 26735-26751.

Luo Z M, He J Q, Hu S Y. 2021. Driving force model to evaluate China's photovoltaic industry: Historical and future trends[J]. Journal of Cleaner Production, 311: 127637.

Lutz L M, Fischer L B, Newig J, et al. 2017. Driving factors for the regional implementation of renewable energy: A multiple case study on the German energy transition[J]. Energy Policy, 105: 136-147.

Mallapaty S. 2020. How China could be carbon neutral by mid-century[J]. Nature, 586（7830）: 482-483.

Ming B, Liu P, Cheng L, et al. 2018. Optimal daily generation scheduling of large hydro-photovoltaic hybrid power plants[J]. Energy Conversion and Management, 171: 528-540.

Neal Z. 2011. Differentiating centrality and power in the world city network[J]. Urban Studies, 48（13）: 2733-2748.

Neal Z. 2013.Does world city network research need eigenvectors? [J]. Urban Studies, 50（8）: 1648-1659.

Nikolaev A, Konidari P. 2017. Development and assessment of renewable energy policy scenarios by 2030 for Bulgaria[J]. Renewable Energy, 111: 792-802.

Pearre N S, Swan L G. 2018. Spatial and geographic heterogeneity of wind turbine farms for temporally decoupled power output[J]. Energy, 145: 417-429.

Pindyck R S. 2019. The social cost of carbon revisited[J]. Journal of Environmental Economics and Management, 94: 140-160.

Porter M E. 1998. Clusters and the new economics of competition[J]. Harvard Business Review, 76（6）: 77-90.

Poudineh R, Sen A, Fattouh B. 2018.Advancing Renewable Energy in Resource-Rich Economies of the MENA[J]. Renewable Energy, 123: 135-149.

Pye S, Li F G N, Price J, et al. 2017. Achieving net-zero emissions through the reframing of UK national targets in the post-Paris Agreement era[J]. Nature Energy, 2（3）: 17024.

Rogelj J, den Elzen M, Höhne N, et al. 2016. Paris agreement climate proposals need a boost to keep warming well below 2 ℃[J]. Nature, 534（7609）: 631-639.

Rubio M D M, Folchi M. 2012. Will small energy consumers be faster in transition? Evidence from the early shift from coal to oil in Latin America[J]. Energy Policy, 50: 50-61.

Saavedra M M R, de O Fontes C H, Freires F G M. 2018. Sustainable and renewable energy supply chain: A system dynamics overview[J]. Renewable and Sustainable Energy Reviews, 82（1）: 247-259.

Saidur R, Islam M R, Rahim N A, et al. 2010. A review on global wind energy policy[J]. Renewable and Sustainable Energy Reviews, 14（7）: 1744-1762.

Samant S, Thakur-Wernz P, Hatfield D E. 2020. Does the focus of renewable energy policy impact the nature of innovation? Evidence from emerging economies[J]. Energy Policy, 137: 111119.

Sahar M, Saeed Y, Maedeh K M. 2022. Impact of government policies on photovoltaic supply chain considering quality in the power distribution system: a case study[J]. Environmental Science and Pollution Research, 29（39）: 58810-58827.

Scarlat N, Dallemand J F, Monforti-Ferrario F, et al. 2015. Renewable energy policy framework and bioenergy contribution in the European Union - an overview from National Renewable Energy Action Plans and Progress Reports[J]. Renewable and Sustainable Energy Reviews, 51（6）: 969-985.

Schelling N, Hasson M J, Huong S L, et al. 2010. SIMbaLink: towards a sustainable and feasible solar rural electrification system[C]//Proceedings of the 4th ACM/IEEE International Conference on Information and Communication Technologies and Development. London: ACM.

Shen J F, Luo C. 2015. Overall review of renewable energy subsidy policies in China-Contradictions of intentions and effects[J]. Renewable and Sustainable Energy Reviews, 41: 1478-1488.

Solé J, García-Olivares A, Turiel A, et al. 2018. Renewable transitions and the net energy from oil liquids: A scenarios study[J]. Renewable Energy, 116: 258-271.

Song Z Y, Zhu Q L, Han M Y. 2021. Tele-connection of global crude oil network: Comparisons between direct trade and embodied flows[J]. Energy, 217: 119359.

Sung B, Park S D. 2018. Who Drives the Transition to a Renewable-Energy Economy? Multi-Actor Perspective on Social Innovation[J]. Sustainability, 10（2）: 448.

Walwyn D R, Brent A C. 2015. Renewable energy gathers steam in South Africa[J]. Renewable and Sustainable Energy Reviews, 41: 390-401.

Wang H M, Wang G Q, Qi J C, et al. 2020. Scarcity-weighted fossil fuel footprint of China at the provincial level[J]. Applied Energy, 258: 114081.

Wang Q, Kwan M P, Fan J, et al. 2019. A study on the spatial distribution of the renewable energy industries in China and their driving factors[J]. Renewable Energy, 139: 161-175.

Wang X Z, Zou H H. 2018. Study on the effect of wind power industry policy types on the innovation performance of different ownership enterprises: Evidence from China[J]. Energy Policy, 122: 241-252.

Wee H M, Yang W H, Chou C W, et al. 2012. Renewable energy supply chains, performance, application barriers, and strategies for further development[J]. Renewable and Sustainable Energy Reviews, 16（8）: 5451-5465.

Wei M, Patadia S, Kammen D M. 2010. Putting renewables and energy efficiency to work: How many jobs can the clean energy industry generate in the US?[J]. Energy Policy, 38（2）: 919-931.

Wei S C, Li H C, Shih H J, et al. 2018. Potential impact of climate change and extreme events on slope land hazard-a case study of Xindian watershed in Taiwan[J]. Natural Hazards and Earth System Sciences, 18（12）: 3283-3296.

Yang Y, Poon J P H, Liu Y, et al. 2015. Small and flat worlds: A complex network analysis of international trade in crude oil[J]. Energy, 93: 534-543.

Yu B L, Fang D B, Dong F. 2020. Study on the evolution of thermal power generation and its nexus with economic growth: Evidence from EU regions[J]. Energy, 205: 118053.

Yu Z D. 2018. China's photovoltaic industry policy performance from the perspective of global value chain[J]. Energy Sources, Part A: Recovery, Utilization, And Environmental Effects, 40（14）:

1737-1742.

Zhang F, Gallagher K S. 2016. Innovation and technology transfer through global value chains: Evidence from China's PV industry[J]. Energy Policy, 94: 191-203.

Zhang H Y, Ji Q, Fan Y. 2014. Competition, transmission and pattern evolution: A network analysis of global oil trade[J]. Energy Policy, 73: 312-322.

Zhang H M, Xu Z D, Sun C W, et al. 2018. Targeted poverty alleviation using photovoltaic power: Review of Chinese policies[J]. Energy Policy, 120: 550-558.

Zhang Y S, Ma C, Lian J J, et al. 2019. Optimal photovoltaic capacity of large-scale hydro-photovoltaic complementary systems considering electricity delivery demand and reservoir characteristics[J]. Energy Conversion and Management, 195: 597-608.

Zhao G, Zhou P, Wen W. 2021. Feed-in tariffs, knowledge stocks and renewable energy technology innovation: The role of local government intervention[J]. Energy Policy, 156: 112453.

Zhao X G, Zeng Y P, Zhao D. 2015. Distributed solar photovoltaics in China: Policies and economic performance[J]. Energy, 88: 572-583.

Zhao Z Y, Tian Y X, Zillante G. 2014. Modeling and evaluation of the wind power industry chain: A China study[J]. Renewable and Sustainable Energy Reviews, 31: 397-406.

Zhi Q, Sun H H, Li Y X , et al. 2014. China's solar photovoltaic policy: An analysis based on policy instruments[J]. Applied Energy, 129: 308-319.